Patrik Lehner

Wasserspiele

Patrik Lehner

Wasserspiele

für Gruppen

Mit Illustrationen
von Christoph Fischer

rex verlag luzern

Die Deutsche Bibliothek – CIP-Einheitsaufnahme
Ein Titeldatensatz für diese Publikation ist bei
Der Deutschen Bibliothek erhältlich.

Satz und Gestaltung: Manfred Kaderli, Freiburg
Umschlag und Illustrationen: Christoph Fischer, Luzern
Fotos: Goodshoot, Frankreich
Gesamtherstellung: Ebner Ulm
ISBN 3-7252-0710-0

Inhaltsverzeichnis

5 Wasserspiele für Schwimmer und Schwimmerinnen 91

6 Spiele in Naturgewässern 129

7 Floss, Gummiboot 143

8 Überblick aller Spiele 149

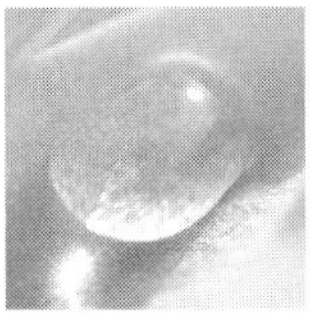

Vorwort

Das Element Wasser ermöglicht es den Menschen, Erfahrungen zu machen, die nirgendwo anders auf dieser Erde möglich sind. Das Gefühl der Schwerelosigkeit ist nur den wenigen Menschen vergönnt, die sich einen Weltraumflug leisten können. Im Wasser aber können die Menschen auch ohne Hilfsmittel in drei Dimensionen schweben. Das Buch „Wasserspiele" will Möglichkeiten für Erlebnisse im Wasser aufzeigen. Die Vielfalt und der Reichtum an Spielen im und mit Wasser ist schier unerschöpflich und insofern kann das Buch „Wasserspiele" nur eine gute Auswahl bieten. Dies zeigt, wie wenig eigentlich nötig ist, um Spiel und Spass im Wasser zu erleben. Im Buch wird bewusst auf Theorie und Praxis der Schwimmtechniken verzichtet.

Mit dem Phänomen Spiel haben sich verschiedene Wissenschaftler auseinander gesetzt. Dabei ist keine abgeschlossene Theorie entstanden. Es findet sich jedoch in fast allen Abhandlungen etwas „Gemeinsames": Dem Spiel liegen die folgenden menschlichen Antriebe zugrunde:

- Kraftüberschuss
- Wiederholung
- Erholung
- Kompensation
- Konfliktbewältigung
- Einübung und Vorübung
- Katarisis (agressives Potenzial in eine unschädliche Tätigkeit überführen)

Dabei entwickelte Huizinga eine gute Definition von Spiel:
„Spiel ist eine freiwillige Handlung oder Beschäftigung, die innerhalb festgesetzter Grenzen von Zeit und Raum nach freiwillig angenommenen, aber unbedingt bindenden Regeln verrichtet wird, ihr Ziel in sich selber hat und begleitet wird von einem Gefühl der Spannung und der Freude und einem Bewusstsein des Anderssein als das gewöhnliche Leben."

Der Spielreiz ist abhängig von Mut, Angst oder Neugier. Grundsätzlich gilt, je jünger ein Mensch ist, desto mehr Entdeckungsreisen (Neugier) wird er machen. Je älter ein Mensch wird, desto weniger wagt er auszuprobieren. Oftmals haben 18-Jährige weniger Bewegungsideen als 8-Jährige, da die Jugendlichen, eingeschränkt auf offizielle Verhaltensregeln, professionell bereits deformiert sind. Der Spielreiz aber äussert sich im aktiven und passiven Verhalten, etwas Neues kennen zu lernen.

Am Anfang steht der Reiz, danach beginnt das Suchen. Die Aufgabe der Leitenden ist es, den Lernenden Zeit zu lassen, etwas auszuprobieren, etwas zu versuchen. Eine neue Bewegungserfahrung soll nicht sofort einem bestimmten Zweck untergeordnet werden, sondern als rein persönliches Erlebnis ganz direkt wahrgenommen werden. Diese Erfahrungen stellen den eigentlichen Ursprung der Lernmotivation dar, da sie einem ganz persönlichen Erleben und Experimentieren im eigenen Bewusstsein und Bewegen entspringen. Didaktisch ist es in Schule und Freizeitarbeit nicht einfach, im Verlauf einer Stunde in diesem Sinne Erfahrungen zu ermöglichen. Eine Gruppe benötigt oftmals viel mehr Zeit.

Wichtig ist, dass man die Kinder oder Jugendlichen gute und schlechte Erfahrungen sammeln lässt. Sie dürfen suchen und werden eine Lösung finden.

Erst danach kommt das Ordnen. Diese Selektion ist abhängig von den vorhergehenden Erfahrungen.
Folgendermassen kann selektiert werden:

1. Schritt: Selektion zwischen Gutem und Schlechtem
2. Schritt: Wir nehmen das Gute
3. Schritt: Wir suchen Regeln und Grenzen (Regelkonstitution)

Anschliessend kommt das Üben und Anwenden. Dabei sollen vielfältige und klare Bewegungserfahrungen gesammelt werden können.

- Es wird stets reflektiert, indem man den Lernenden die Initiative überträgt.
- Die Spiele werden verändert, wenn die Zielerreichung nicht mehr gewährleistet ist.

Die vorhergehenden Ausführungen zeigen, wie wenig eigentlich nötig ist, um Spiel und Freude zu erleben. In diesem Sinne wünsche ich allen Neueinsteigenden sowie den „Eingefleischten“ viele intensive und positive Spielmomente.

Patrik Lehner

1 Einleitung

Motivation für Wasserspiele

Das Erlebnis von Wasser als neuem Bewegungsraum hat für die Kinder einen hohen Aufforderungsreiz. Kinder wollen ans Wasser! Wer schwimmen lernt, sollte aber Temperaturen vorfinden, die ihm sowohl innerhalb als auch ausserhalb des Wassers behagen und die Möglichkeit bieten, das Element Wasser zu erfahren, ohne dabei zu frieren. Diese positiven Rahmenbedingungen können bei kleinen Kindern in der Wassergewöhnung noch durch schwimmfähiges Spielzeug unterstützt werden.

Neue Bewegungserlebnisse

Die im Bereich spielerischer Wassergewöhnung angesiedelten allerersten Erfahrungen im Wasser erschliessen dem Kind, das schwimmen lernt, ein riesiges Repertoire neuer Bewegungserlebnisse. Die ersten Bewegungserfahrungen im Wasser müssen spielerisch stattfinden. Wer sich in seiner „Spieltätigkeit" wohl fühlt und sich nicht als Spielball des Wassers, sondern als aktiv spielende Person im Wasser wahrnimmt, kann ein motiviertes Verhalten im Wasser entwickeln. Diese Motivationslage wird besonders wertvoll, wenn das Ziel des Unterrichts die Vermittlung lebenslanger Lust am und im Wasser ist. Daher sollte die Lehrperson versuchen, diese Rahmenbedingungen für motiviertes Verhalten im Wasser zu schaffen.

Neue Lernanforderung

Schwimmenlernen heisst lernen, im Wasser, in einem neuen Element, zu leben. Zu den kognitiven Aspekten von Lernen kommen in hohem Masse kinästhetische Aspekte hinzu. Die Lernenden lernen erstmalig, den Auftrieb des eigenen Körpers im Wasser wahrzunehmen, ihn auszunutzen oder zu überwinden. Aufgrund dieser komplexen Anforderungen scheint es ratsam, im Anfangsstadium des Schwimmenlernens von einer zu starken Lernzielorientierung abzusehen, damit Kinder ihren eigenen Ansprüchen gerecht werden können.

Selbstwert

Der Aufbau von „Selbstwert" als einer grundlegenden Entwicklungsaufgabe im Kindes- und Jugendalter vollzieht sich in nicht unerheblichem Mass durch selbst wahrgenommene Kompetenzen der Eigenrealisation im Sport. Ein gutes Selbstwertgefühl im Sport lässt durchaus auf positive Einflüsse in anderen Bereichen des Selbstkonzepts schliessen. Schwimmenlernen oder positive Aktivitäten im Wasser, als Einstieg in eine neue Welt, sollte von den Leitenden so genutzt werden, dass der Aufbau eines „hohen Selbstwerts" möglich wird.

Positive Erlebnisse im Wasser ermöglichen

Um den Teilnehmenden positive Erlebnisse mit und im Wasser zu ermöglichen, sollen die Aktivitäten sorgfältig geplant, durchgeführt und anschliessend ausgewertet werden. Damit die Chance, einmal etwas Einmaliges durchführen zu können, nicht vertan wird, ist es unabdingbar, die Teilnehmenden altersgemäss im Dreischritt Planung – Durchführung – Auswertung einzubeziehen.

Kinder und Jugendliche verspüren ein ausgeprägtes Bedürfnis nach Anerkennung und Bestätigung. Sie wollen ihr soziales Umfeld aktiv mitgestalten und sind dabei auf der Suche nach ihrer eigenen Identität. Der Alltag bietet ihnen jedoch in der Regel wenig Gelegenheit ihre vielfältigen Talente, ihre Fähigkeiten und Energien so zur Geltung zu bringen, dass sie sich ernst genommen, einmalig und wichtig fühlen können. Daher bringt eine Vielzahl von Jugendlichen nicht die Kraft auf, sich mit persönlichem Einsatz ihren Platz in der Gesellschaft selbst zu suchen und zu gestalten, und nimmt stattdessen häufig eine passive, auf Konsum orientierte Statistenrolle ein.

Basis echter Beziehungen

Spezielle Erlebnisse, bei denen alle aufeinander angewiesen sind, schaffen in einer Klasse oder einer Jugendgruppe viel rascher Vertrauen, als es der gewöhnliche Schulalltag oder ein Lagertag ermöglicht. Die Kinder und Jugendlichen lernen einander kennen, verstehen und schätzen. Zudem wird eine solide Basis gelegt, auf der sich Konflikte in konstruktiver Art und Weise austragen lassen.
Beispiel: Eine Bootsfahrt auf einem Fluss erleben.

Einbezogen sein und Verantwortung übernehmen

Gerade bei speziellen Aktivitäten im Wasser (auf Seen oder Flüssen) ist es deshalb wichtig, die Mitbestimmung der Teilnehmenden prozessartig aufzubauen und durch Mitverantwortung und Mitgestaltung Kinder und Jugendliche immer mehr ihrer Stärken bewusst werden zu lassen.
Beispiel: Zusammen ein Floss planen, bauen und damit auf einem Fluss hinunterfahren.

Ausbrechen und Spannendes erleben

Viele Menschen, vor allem Jugendliche, haben das Bedürfnis ab und zu aus der Routine und dem Trott, der sich daraus ergibt, auszubrechen. Aktivitäten im Wasser bieten dafür eine grosse Auswahl. Jedoch muss von der leitenden Person die Sicherheit immer garantiert werden.
Beispiel: Die Teilnehmenden bauen ein Surfbrett und surfen auf einem Fluss. (Das Surfbrett ist dabei mit einem elastischen Bergsteigerseil an einer Brücke angebunden.)

Entscheidungen mit unmittelbaren Konsequenzen treffen

Wenn Jugendliche in einem Projekt laufend Entscheide mit unmittelbaren Konsequenzen fällen müssen, empfinden sie dies oft als anregend und sie setzen sich mit grosser Motivation ein. Im Idealfall nehmen sie plötzlich eine Stellung ein, die ihrem häufig passiven Verhalten im Alltag völlig entgegengesetzt ist.
Beispiel: Die Teilnehmenden entscheiden selber, ob sie Wasserfässer organisieren wollen oder nicht. Im Falle eines Kentern des Bootes bleiben die Kleider und andere Utensilien im Fass trocken, ansonsten werden sie nass.

Gute Spielleitung bei Wasserspielen

Die Auswahl eines Spieles ist nur der erste Schritt. Danach muss das Spiel erklärt und begleitet werden. Was dabei zu beachten ist, zeigt die folgende Checkliste:

Spielfeld

- Das Spiel muss an die Gegebenheiten des Lehr- oder Schwimmbeckens, des Bachs, Sees oder Flusses angepasst werden.
- Mögliche Gefahrenquellen (sehr rutschige Plättchen, Ausstiegsleiter, Steine im Wasser/Fluss usw.) müssen berücksichtigt werden.

- Die Spielfläche im Wasser ist relativ klein zu wählen, weil es anstrengend ist, sich durchs Wasser fortzubewegen (marschieren, hüpfen, schwimmen usw.).
- Das Spielfeld ist klar zu kennzeichnen, beispielsweise durch Kessel am Beckenrand, gespanntes Seil, Wasserboje oder befestigte schwimmende Gegenstände.

Gruppengrösse

- Möglichst in kleinen Gruppen spielen, damit möglichst viele Teilnehmende sich aktiv beteiligen können.
- Je grösser die Gruppen werden, desto grösser kann das Spielfeld markiert sein.

Motivation

- Die wichtigste Voraussetzung ist, dass die Spielleiterin oder der Spielleiter selbst Lust am Spielen hat.
- Das Spiel aufgrund der allgemeinen Stimmung und der zur Verfügung stehenden Zeit wählen.
- Niemanden zum Mitspielen zwingen (dies verdirbt höchstens den anderen auch noch die gute Laune).

Regeln

- Das Spiel so erklären, dass es alle verstehen (am besten in wenige Sätze zusammenfassen).
- Einfache Spielregeln festlegen und konsequent anwenden.
- Die Spielregeln nach Bedarf abändern, aber die Änderungen vorher mit den Mitspielenden absprechen.

Materialien

- Möglichst wenig oder einfache Materialien für die kleineren Spielformen verwenden.

Spielende

- Das Spiel kurz nach dem Höhepunkt abbrechen.
- Den Spielabbruch mittels Pfeife oder Horn (akustisch) klar festlegen.
- Auf einem unübersichtlichen Spielgelände bereits zu Beginn den Treffpunkt nach Spielende an einem bekannten Ort festlegen und kontrollieren, ob alle da sind!

Damit die Spielleitung in jeder Situation flexibel reagieren kann, ist es sinnvoll, Variationen oder ein kleines Repertoire an Spielen bereitzuhalten.

Spielerklärungen

Die Spielbeschreibungen in diesem Werk sind immer nach demselben Muster aufgebaut. Unter dem Spieltitel geben folgende Symbole einen Überblick über Charakter und Einsatzmöglichkeit des Spiels:

Druchführungsort:

Bach 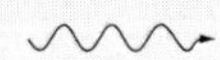

Lehrschwimmbecken 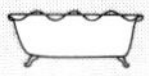

Schwimmbecken/See 

Fluss 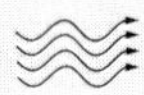

Minimum Mitspielende

Kinder (6–11 Jahre) 

Jugendliche (12–18 Jahre) 

Mindestdauer 

Material 

Falls nötig werden die Rahmenbedingungen im Anschluss durch präzisierende Angaben ergänzt.

Dann folgt eine ausführliche Spielerklärung und am Schluss sind eventuell Varianten zum Spiel vermerkt.

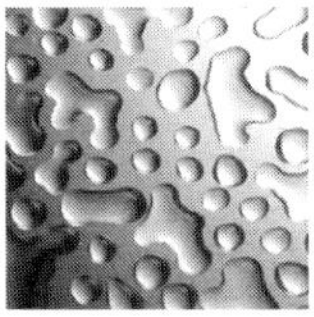

Grundlagen für Wasserspiele

Am Anfang der menschlichen Existenz hat jedes Individuum einen positiven Zugang zu Wasser. Für Säuglinge ist Wasser ein bekanntes Element, das Freude und angenehme Erfahrungen auslöst. Bis zur Geburt bewegt sich ein Embryo im Mutterleib schwimmend im Element Wasser.

Besondere Eigenschaften des Wassers

Wasser kann flüssig, fest und gasförmig sein. Es kann sich von gewissen Stoffen wie Öl abgrenzen, ist für andere aber auch ein Lösungsmittel, z. B. für Salze oder Zucker. Zum Spielen im Wasser sind folgende Eigenschaften wichtig:

Druck

Der zusätzliche Druck im Wasser gegenüber der Luft hat Auswirkungen auf den Körper. So ist im brusttiefen Wasser das Einatmen erschwert, da der Mensch gegen den Druck, den das Wasser auf den Brustkorb ausübt, einatmen muss. Daher trägt bereits geringe Tätigkeit im Wasser dazu bei, die Atemmuskulatur zu kräftigen. Gleichzeitig wird im Wasser das Ausatmen erleichtert. Daher ist der Aufenthalt im brusttiefen Wasser mit Aktivitäten wie Wassergymnastik, Spielen oder Schwimmen besonders für Menschen mit Asthmaproblemen geeignet.
Durch den Wasserdruck wird auch der venöse Rückfluss des Blutes zum Herzen gefördert. Durch diesen erhöhten Rückfluss von venösem Blut kann das Herz eine grössere Blutmenge in den Körper transportieren. Das wiederum wird kompensiert durch eine erhöhte Harnausscheidung. Daher sollten Kinder nach längerem Aufenthalt im Wasser an den Gang zur Toilette erinnert werden.

Wasserwiderstand

Die Menschen können sich im Wasser nicht so schnell und leicht bewegen wie an Land. Schnelle Bewegungen werden durch den Wasserwiderstand besonders stark gebremst. Dieser Effekt wirkt sich günstig aus auf hypermotorische und sehr unruhige Kinder, die in ihrem Aktivitätsdrang vom Widerstand des Wassers gebremst werden. Sie müssen mehr Kraft aufwenden und ermüden dadurch schneller, was zu einer generellen Beruhigung führen kann.
Wasserwiderstand steht der Bewegung des Menschen nicht nur hinderlich im Wege, er ermöglicht auch verlangsamte Bewegungen, die einen kleineren Krafteinsatz benötigen als an Land.

Auftrieb

Jeder ins Wasser eintauchende Körper erfährt einen Auftrieb (Archimedisches Prinzip). Vereinfacht kann man sagen, dass der Körper im Wasser so viel Gewicht verliert, wie er Wasser verdrängt. Der Auftrieb entlastet den menschlichen Körper, besonders die Gelenke. Daher sind Aktivitäten im Wasser ideal für Personen mit Gelenkproblemen.

Wärmeleitfähigkeit

Wasser hat eine etwa 25-mal grössere Wärmeleitfähigkeit als Luft. Daher empfinden die Menschen die Wassertemperatur intensiver. Auch relativ warmes Wasser (28 bis 30 °C) führt bei längerem Aufenthalt zum Auskühlen des Körpers. Dieser Auskühleffekt ist bei kleinen Kindern noch grösser, da sie im Vergleich zum Körpervolumen eine grössere Oberfläche als Erwachsene haben. Besonders bei Kindern mit spastischen Lähmungen, bei alten Menschen usw. muss ein stärkeres Abkühlen des Körpers verhindert werden, indem der Körper von Zeit zu Zeit unter der warmen Dusche wieder aufgewärmt wird.

Nässe

Die Nässe des Wassers erleben die Menschen auf unterschiedliche Weise. So kann eine Dusche oder ein Sprung ins kühle Nass erfrischend sein. Bei ängstlichen Menschen können Wasserspritzer oder nasse Haare aber auch unangenehme Gefühle auslösen.

Wasser ist für Menschen, Tiere und Pflanzen Lebenselixier. Jedes Lebewesen ist auf Wasser angewiesen. Führt eine lange, anstrengende Gebirgswanderung die Personen zu einer klaren Quelle, so gibt uns dieses saubere und kühle Wasser nicht nur körperliche Erfrischung, es ist für den Menschen auch Zeichen für ursprüngliches Glück.

Angst vor dem Element Wasser

Für Menschen, die noch nicht schwimmen können, ist das Wasser oft ein fremdes, sogar ein angstauslösendes Element. Die Rolle der Angst in Situationen, die Gefahrenmomente beinhalten, ist durchaus positiv zu bewerten. Angst bewahrt einen unerfahrenen Kletterer in den Bergen davor, sich und andere unnötig in Gefahr zu begeben. Ebenso veranlasst sie auch einen Schwimmeinsteiger, sich nicht todesmutig ins kalte Wasser zu begeben, oder in eine Untiefe, in der er nicht mehr stehen kann. Wird die Angst aber zu gross, so kann sie die normale Bewegungsfähigkeit und vor allem das Erlernen neuer Bewegungsabläufe durch Verkrampfungen behindern. Die Angst kann von einer Lernblockade bis hin zur Flucht aus dem Wasser führen.

Es ist daher die Aufgabe der Leiterin oder des Leiters im Schwimmunterricht mit Einsteigerinnen und Einsteigern die vorhandenen Ängste ins Bewusstsein zu rufen, damit sie bewusst verarbeitet werden können und nicht zu Lernhemmungen führen.

Merkmale von Angst

Damit die Anzeichen von Angst leichter erkannt werden können, soll an dieser Stelle vorgestellt werden, wie sich Angst zeigen kann:

- Gehemmte Bewegungen
- Steife und verkrampfte Körperhaltung
- Muskelanspannung bis zur Verkrampfung

- Krampfhaftes und verspanntes Drücken der Hand eines Partners
- Physiologische Reaktionen wie beschleunigte Atmung, starkes Herzklopfen
- Starrer Gesichtsausdruck
- Unnatürliches und künstliches Lachen (im Gegensatz zum offenen und freudigen Lachen zeigt sich bei ängstlichen Kindern eher ein gehemmtes Verlegenheitslächeln)
- Verbale Äusserungen wie: Ich muss zur Toilette! Ich habe Angst! Ich habe weiche Knie! Mir ist schlecht!
- Ständiger Harndrang
- Brechreiz bis hin zum Erbrechen im Wasser

Wichtig ist in diesem Zusammenhang, dass sich an Wasser nicht gewohnte Leute nicht überfordern, sich ständig 100%ig sicher fühlen und langsam lernen, was man sich zutrauen kann. Das Ziel des Schwimmunterrichtes sollte es sein, die Angst vor dem Wasser durch positive Erfahrungen und Einsichten zu überwinden, sodass jede beteiligte Person das Wasser freudevoll aufsucht.
Hilfe, um die vorhandenen Ängste zu überwinden, bieten vor allem Spielformen im flachen Wasser wie Kreis- und Singspiele, Lauf- und Fangspiele, kleine Ballspiele, Spiele mit Gegenständen usw.

Angstverhalten und Angstüberwindung

WILKE (1979) teilt die Angst entsprechend den Ursachen in fünf Kategorien ein:

Angst vor Blamage
Nichtschwimmerinnen und -schwimmer versuchen häufig, vor Bekannten ihr Nichtschwimmenkönnen zu verbergen und meiden daher Situationen, in denen ihr Unvermögen auffallen könnte. Sie weichen dem Freibadbesuch und Wassersport eher aus. Nimmt man ihnen die Angst vor der Blamage und eröffnet ihnen die Möglichkeit, in stressfreier Situation zuzugestehen, dass sie nicht schwimmen können, und bietet ihnen einen Kurs gleich gesinnter Nichtschwimmer an, lassen sich über kleine Lernerfolge die Ängste und Blockaden abbauen.

Strenge Lehrperson
Lehrpersonen mit energischem Unterrichtston oder mit zu hohen Leistungsanforderungen können vor allem bei Kindern zu Lernblockaden und furchtsamen, verkrampften Verhaltensweisen im Wasser führen.
Daher sollten die Ziele des Schwimmunterrichtes mit Einsteigern vor allem darin bestehen, Spass am Spielen und Bewegen im Wasser zu entwickeln, vielfältige Bewegungsmöglichkeiten mit und ohne Geräte, mit und ohne Musik erleben zu lassen und dadurch vorhandene Ängste abzubauen und gleichzeitig einen Bewegungsschatz als Grundlage für das spätere Erlernen der Schwimmtechniken zu erarbeiten.

Angst vor der Tiefe oder der Weite des Wassers
Die Angst vor der Tiefe äussert sich in einer grossen Verunsicherung, sobald die Füsse den festen Boden verlassen. Bereits der Auftrieb im flachen Wasser kann die Standsicherheit rauben, sodass kleine Turbulenzen zu Gleichgewichtsverlust und damit zu Angst führen können.
Mit gutem Zureden, Aufbau des Selbstvertrauens und sanfter Überzeugungsarbeit muss diese Angst im noch deutlich sichtbar flachen Wasser abgebaut werden. Dabei soll sich die ängstliche Person zunächst im flachen Wasser am Beckenrand mit beiden Händen festhalten können. Später wird eine Hand gelöst. Mit Partnerhilfe kann die Person schliesslich an beiden Händen ins offene Wasser geführt werden.

Häufig tritt die Angst vor der Tiefe nochmals auf, wenn Kinder bereits Schwimmbewegungen erlernt haben und diese nun zum ersten Mal ins tiefe Wasser übertragen sollen.

Als methodische Hilfen bieten sich an:

- Schwimmen nahe am Beckenrand
- Schwimmen mit Begleitung
- Schwimmen übers Eck; darunter versteht man das Schwimmen von einer Beckenrandseite zur benachbarten. Dabei kann die Distanz, die frei zurückgelegt wird, allmählich vergrössert werden.

Viele Kinder trauen sich zunächst nicht zu, vom Beckenrand weg ins freie Wasser zu gleiten. Unerfahrene Kinder sind unsicher, ob sie aus der Gleitlage wieder in den sicheren Stand kommen. Deshalb muss dieses Aufstehen nach der Gleitlage zielgerichtet geübt werden. Zunächst versucht das Kind mit Partnerhilfe, aus dem Gleiten heraus die Beine unter dem Körper anzuziehen und danach wieder zum sicheren Stand zu kommen. Später unterstützen die vorgestreckten Arme diese Bewegung, indem sie nach unten und hinten drücken.

Angst vor dem Wasserschlucken

Nahezu jede Schwimmerin und jeder Schwimmer versuchte wohl schon einzuatmen, obwohl Mund oder Nase nicht vollständig über Wasser waren. Oder wegen einer Welle ist während des Einatmens Wasser in den Mund gedrungen. Bei solchem „Wasser schlucken" gelangt Wasser in die Atemwege, was einen heftigen Hustenreiz hervorruft. Solche Erlebnisse können sehr unangenehm sein und eine akute Atemnot bewirken. Kinder, die eine richtige Atemtechnik erlernt haben, sind vor schmerzhaftem Wasserschlucken einigermassen geschützt.

Allgemeine Angst

Eine allgemeine Angst vor Bedrohung durch das Wasser kann sehr unterschiedliche Ursachen haben. Manchmal sind übervorsichtige Eltern, die vielleicht selbst ihre Angst vor dem Wasser nicht abgelegt haben, mit ihren gut gemeinten Ratschlägen verantwortlich für die ängstliche Einstellung der Kinder.

Mangelnde Gewöhnung während den ersten Wasseraktivitäten ist der häufigste Grund für die allgemeine Furcht vor dem Wasser. Die Wassergewöhnung soll daher unter optimalen äusseren Bedingungen stattfinden: überschaubarer, freundlicher Raum, viele Spielgeräte, Fremdbekräftigung (Lob, Anerkennung), Ichstärkung mit Erfolgserlebnissen. So können auch ängstliche Kinder und Erwachsene ihre Angst abbauen und lernen, sich selbstständig im Wasser zu bewegen. So werden aus ängstlichen mutige Schwimmer und Schwimmerinnen, die sich im Element Wasser wohl fühlen.

2 Sicherheit und Verantwortung

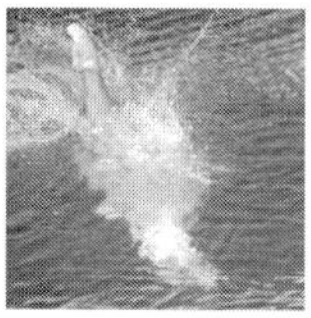

Mit Gruppen im Wasser

Schwimmen ist eine der weniger gefährlichen Sportarten. In den Unfallstatistiken liegt Schwimmen weit hinter den meisten Sportarten zurück. Wenn die Forderungen einer Sorgfalts- und Aufsichtspflicht eingehalten werden, ist Schwimmen eine ungefährliche Sportart, die vielfältige Bewegungsmöglichkeiten eröffnet. Mit Recht wird Schwimmen als Gesundheitssport bezeichnet, da Schwimmen praktisch für jede Zielgruppe und bis ins hohe Alter optimale Möglichkeiten bietet, etwas für die eigene Gesundheit und Leistungsfähigkeit zu tun.

Schwimmkleidung

Es empfiehlt sich, den Eltern schriftlich oder mündlich mitzuteilen, welche „Utensilien" die Kinder zum Schwimmunterricht mitbringen sollen:

- Badekleidung und Badetuch
- Duschmittel, um den ganzen Körper vor und nach dem Schwimmen zu reinigen

eventuell:

- eine Badekappe
- Badeschuhe, um Hautinfektionen (beispielsweise Fusspilze) vorzubeugen
- Mütze oder andere Kopfbedeckung, um sich nach dem Schwimmen vor Erkältungskrankheiten zu schützen

Baderegeln

Vor dem ersten Schwimmbadbesuch müssen die Kinder über das Verhalten im Bad, die Baderegeln (CH: Regeln der Schweizerischen Lebensrettungsgesellschaft, SLRG) und die Schwimmbadordnung informiert werden.

Die wichtigsten Baderegeln:

- Bade niemals mit vollem oder ganz leerem Magen!
- Kühle dich ab, ehe du ins Wasser gehst und verlasse das Wasser, wenn du frierst!
- Wer nicht schwimmen kann, geht nur bis zur Brust ins Wasser!
- Springe nur, wenn das Wasser unter dir tief genug und frei ist!
- Nimm Rücksicht auf andere Badende, besonders auf Kinder!
- Verunreinige das Wasser nicht und verhalte dich hygienisch!
- Ziehe nach dem Baden das Badekleid aus und trockne dich ab!
- Rufe nie um Hilfe, wenn du nicht wirklich in Gefahr bist; aber hilf anderen, wenn sie Hilfe brauchen!

Ebenfalls müssen besondere Gefahren beachtet werden:

- Laufen (Rennen) im Schwimmbad (auf nassen Fliesen) ist verboten!
- Andere Personen dürfen nicht mutwillig unter das Wasser getaucht werden!
- Nur ins Wasser springen, wenn es tief genug ist!

Im Freibad gibt es ausserdem weitere Gefahren zu beachten:

- Bei Gewitter ist Baden lebensgefährlich!
- Keine Sprünge in unbekanntes Gewässer!
- Luftmatratze, Autoschlauch und Gummitiere sind im Wasser gefährliche Spielzeuge!

Absolut verboten ist:

- Andere Personen, auch im Spiel, unvorbereitet ins Wasser stossen!
- Ohne Not um Hilfe schreien!

Bei Seen oder Flüssen gelten zusätzlich noch folgende Regeln:

- Unbekannte Ufer bergen Gefahren!

- Meide sumpfige und pflanzendurchwachsene Gewässer!
- Schifffahrtswege, Schleusen, Brückenpfeiler und Wehre sind keine Schwimm- und Badezonen!

Für die leitende Person genügt es nicht, wenn sie einmal auf die Baderegeln hingewiesen hat. Sie muss auf die Einhaltung der Regeln achten.

Erster Schwimmbadbesuch
Beim ersten Schwimmbadbesuch sollte mit der Gruppe eine Schwimmbadbegehung durchgeführt werden, bei der die gesamten Räumlichkeiten gezeigt und erklärt werden:
- Umkleidebereich
- Duschen
- Besammlungsort
- Nichtschwimmerbecken
- Schwimmbecken, evtl. Sprungbereich

Gruppengrösse
Eine Schwimmgruppe im Kindesalter sollte klein und überschaubar sein, damit die Lehrperson auch auf individuelle Bedürfnisse und Anforderungen eingehen kann. Dies ist sicher bei einer Gruppengrösse von 6–12 Kindern gewährleistet, in Ausnahmefällen (homogene Gruppe) kann die Gruppe auch bis zu 15 Kindern umfassen. Besonders bei der Teilnahme von ängstlichen und verhaltensauffälligen Kindern ist aber eine kleinere Anzahl anzuraten.
Es ist „normal“, keine homogene Lerngruppe zu haben, denn die Kinder kommen zu Wasseraktivitäten mit:
- Unterschiedlichen Leistungsfähigkeiten
- Verschiedenen motorischen Vorerfahrungen
- Ohne Angst oder mit unterschiedlich ausgeprägter Angst
- Unterschiedlichem Alter und Entwicklungszustand
- Bewegungsauffälligkeiten
- Unterschiedlicher Lernbereitschaft

Aufsichtspflicht
Wie bei allen Sportaktivitäten ist bei Wasseraktivitäten eine Person pro Gruppe zuständig. Da in den Schwimmbädern normalerweise zusätzlich Bademeister/innen anwesend sind, können diese zur Aufsicht mit einbezogen werden, wenn sie von der Aufsichtspflicht im allgemeinen Badebetrieb entbunden sind.
Als zusätzliche Hilfen bei Schwimmaktivitäten können auch Eltern oder erfahrene ältere Jugendliche eingesetzt werden, wenn sie im Besitz eines Ausweises der Rettungsfähigkeit sind. Diese Hilfspersonen entbindet die leitende Person aber nicht von ihrer Aufsichtspflicht. Die aufsichtsführende Person muss ihren Platz so wählen, dass sie alle im Wasser befindlichen Kinder sehen kann. Sie soll sich nicht gleichzeitig mit den Kindern im Wasser aufhalten, sofern dies nicht in besonderen Fällen aus pädagogischen bzw. methodischen Gründen erforderlich ist.

Wenn eine Gruppe von Schwimmerinnen und Nichtschwimmern von nur einer Person unterrichtet wird, muss dieser Unterricht im Lehrschwimmbecken stattfinden. Die Vollständigkeit der Lerngruppe ist jeweils vor dem Betreten der Schwimmstätte, unmittelbar nach Verlassen des Schwimmbeckens und zum Schluss vor dem Verlassen der Schwimmstätte zu überprüfen (dreimal zählen!).

Einzelaufsicht ist erforderlich in folgenden Situationen:
- Kinder schwimmen zum ersten Mal im tiefen Wasser
- Streckentauchen
- Tieftauchen

Sicherheit bei Spielen in Gruppen

Die Sicherheit bei Wasserspielen liegt in der Verantwortung der aufsichtsführenden Person, welche zuerst folgende Abklärungen zu treffen hat:

- Wassertiefe beachten (Hubboden!)
- Ansprechpartner (Bademeister) kennen
- Alarmkasten kennen und bedienen können
- 1. Hilfe-Massnahmen beherrschen (Lebensrettungsbrevet I)
- Fluchtwege kennen
- Rutschgefahr den Kindern vermitteln (kein Herumrennen im Schwimmbad – nasse Fliesen sind rutschig!)
- Ort der Rettungsgeräte kennen
- Gebot: Die Kinder dürfen nie ohne die Anweisung der Lehrperson ins Wasser!
- Kinder vor und nach Unterricht durchzählen (Abmeldung bei Lehrperson, falls ein Kind früher gehen muss)
- Hygiene/Sauberkeit

  Vor jeder Schwimmstunde aufs WC gehen, Kaugummi entsorgen, Nase putzen (vor allem im Winter!).

  Duschen ist ebenfalls obligatorisch (auch für leitende Person = Vorbild!?)

  Nach dem Schwimmunterricht wieder duschen, dann Haare trocknen, Fussdesinfektion!

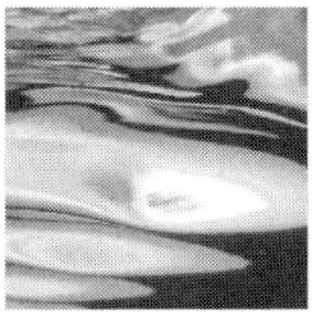

Sicherheit auf Seen und Flüssen

Bootfahren auf Flüssen oder Schwimmen im See ist naturgemäss mit Risiken verbunden. Diese lassen sich leider nie ganz eliminieren, sondern lediglich auf ein vertretbares Mass reduzieren.

Aktive Sicherheit

Die Expertensicht der aktiven Sicherheit beruht im Wesentlichen auf einem 3-Säulen-Modell.

Sicherheitsreserve schaffen

Als Leitungsperson von Kinder- oder Jugendgruppen ist zu beachten:

- Jugendliche sind spontan, auch einmal überschäumend, noch nicht abgeklärt!
- Die Leitungsperson ist ein Vorbild!

Deshalb muss die Leitung bewusst einen Schritt weiter in Richtung Sicherheit gehen als dies allgemein üblich ist. Anordnungen müssen durchgesetzt werden, egal was andere Leute (z. B. Touristen) davon halten oder wie andere dies handhaben würden.

Beispiele:

- Früh Auswassern (nicht direkt bei einem Stauwehr)!
- Stromschnelle möglichst weit umfahren!
- Über keine Schwellen hinunterfahren!

Vorausblicken

Im Unterschied zur „Plausch-Bootsfahrt" wird eine Sicherheitsmassnahme nicht erst bedacht, wenn sie nötig ist, sondern bevor sie nötig wird. Im Vorausdenken wird die Trägheit der Gruppe sowie des Flosses überlistet!

Beispiele:

- Fluss immer in den Augen haben!
- Frühzeitige Anweisungen geben (auf Gefahren aufmerksam machen)!
- Bei unsicherem Gefühl an Land gehen und in Ruhe entscheiden!

Eigenverantwortung stärken

Die Teilnehmenden werden nicht als uninteressierte Konsumenten behandelt, sondern in die Verantwortung einbezogen und damit zur Selbstständigkeit erzogen und auf eigene Aktivitäten vorbereitet.

Beispiele:

- Teilnehmende stufengerecht aber möglichst vollständig informieren
- Den Teilnehmenden Überlegungen zur Sicherheit näher bringen
- Die Teilnehmenden am Entscheidungsprozess beteiligen

Passive Sicherheit

Aktive Sicherheit hilft verhindern, dass etwas schief geht. Passive Sicherheit ist Schadenbegrenzung, wenn etwas schief geht. „Murphys law" (Gesetz von Murphy) drückt es banal aus: „Alles was schief gehen kann, wird früher oder später mit Bestimmtheit schief gehen."

Sicherheitsvorschriften (Vorschriften Binnenschifffahrtsgesetz)

Wenn ein Floss eine bestimmte Grösse hat, muss für die Fahrt eine Bewilligung beim entsprechenden Schifffahrtsamt eingeholt werden. In der Schweiz hat die Vereinigung der Schifffahrtsämter dazu eine Richtlinie herausgegeben, diese ist erhältlich bei Telefon +41 (0)31 350 83 83.
Bewilligungspflichtig sind alle Flossfahrten auf öffentlichen Gewässern, bei denen Schwimmkörper eingesetzt werden, die der

Fortbewegung dienen und deren Länge 2,5 m und mehr beträgt, jedoch aufgrund ihrer Bauart die Verkehrsvorschriften nicht beinhalten.
Bundesverkehrsamt Deutschland:
Telefon +49 (0)228 30 00
Wirtschaftssektion Österreich:
Telefon +43 (0)1 53 46 40

Material zur Sicherheit

- Notapotheke
- Schwimmwesten
- Natel (Funk)
- Wurfsack, Rettungsring

Redundanzprinzip

Hier sind zwei oder mehrere voneinander vollständig unabhängig wirkende Sicherheitssysteme gemeint. Versagt ein System, so wird auf einer „Auffangebene" sofort ein zweites wirksam. Diese Philosophie kommt etwa beim Flugzeugbau konsequent zur Anwendung.
Leider sind Flossfahrten nie vollständig nach diesem Schema durchführbar. Redundanz ist aber wenn möglich anzustreben!

- Beim Auswassern des Flosses wird unterhalb des Ausstiegsortes eine Leine gespannt, mit der das Floss auf jeden Fall aufgehalten würde.
- Bei gefährlichen Stellen tragen alle Teilnehmenden eine Schwimmweste und sind im Flussschwimmen trainiert. Die leitende Person steht nahe der gefährlichen Stelle mit einem Wurfsack oder einem Rettungsring bereit.

Die Umsetzung des Redundanzprinzipes im Wasser erfordert von der verantwortlichen Person viel Umsicht und oft Fantasie. Man hat darin nie ausgelernt!

Tipps bei Floss- und Bootsfahrten

Seen und Flüsse haben etwas abenteuerliches an sich, da nie alles voraussehbar ist. Im Weiteren dürfen in Fliessgewässern verschiedene Geräte wie Floss, Schlauchboote oder andere Spielgeräte benützt werden. Dies gibt einen zusätzlichen Reiz. Darum muss auch gerade dort eine klare Regelung gelten.

Klare Regelungen:

Voraussetzungen

- Umfangreiche Erfahrungen mit Aktivitäten auf Seen und/oder Flüssen
- Eine Fachperson beiziehen (z. B. Kanuleiterin, Pontonier usw.)
- Pro Gruppe maximal 10 bis 20 Teilnehmende
- Pro Floss/Boot ist eine Leiterin/ein Leiter mit einem Brevet in Lebensrettung erforderlich

Routenwahl

- Nur dort Floss/Boot fahren, wo man auch schwimmen kann!
- Nur Flüsse bis zum Schwierigkeitsgrad 1, allenfalls noch Grad 2 befahren!
- Keine Alpenflüsse befahren, diese sind generell zu kalt!
- Gesetzliche Bestimmungen beachten (Auskunft CH: Kantonale Gewässerkarte)
- Informationsmaterial
  Gewässerkarte (TCS Schweiz) mit Angaben zu Hindernissen, Schwierigkeitsgraden, Vorschriften und Fahrverboten,
  Flussführer (Kanuverband)
  Webseite: www.swisscanoe.ch
- Erkunden der Route (Gefahrenstellen, Ein- und Auswasserungsorte, Beurteilung der Route in Bezug auf die Teilnehmenden)

Sicherheitsregeln für Teilnehmende

- Die Ausrüstung der Teilnehmenden (Schwimmweste richtig angezogen, Grösse passend?) durch andere Teilnehmende oder Leitende überprüfen lassen („Vier-Augen-Prinzip")

- Einüben von Flussschwimmen
- Feste Zuteilung der Aufgaben: Steuerfrau, Befehlsgeber usw.
- Verhaltensregeln für die Teilnehmenden beim Befahren von gefährlichen Streckenabschnitten
- Einüben von Manövern
- Bei auftauchenden Problemen kein Risiko eingehen (rechtzeitiges Auswassern!)
- Vorsicht bei Abkühlungen
- In Seen: Uferzone von 150 m nicht verlassen! Vorsicht bei starkem Wind (Abdriftgefahr!)
- Bei Notfällen J+S-Notfallblatt (CH) beachten. (Siehe Kapitel: Sicherheitskonzepte, Seite 26.)

Gefahrenquellen

- Unterkühlung tritt sehr rasch ein.
  Faustregel: Unter 20 °C Wassertemperatur bleibt man so lange bei Bewusstsein wie das Wasser Grad hat (z. B. bei 12 °C dauert es 12 Minuten, bis jemand nicht mehr ansprechbar ist)
- Auskühlung
  Wind und Nässe auf der Hautoberfläche erzeugen Kälte. Zur Abhilfe einen Regentrainer tragen
- Verletzung
  Durch Dornen, Glasscherben, Nägel usw. treten Fussverletzungen auf. Vorbeugen durch Tragen von alten Turnschuhen
- Verbrennung
  Gegen Sonnenbrand unbedingt Sonnencreme, T-Shirt und Hut verwenden

Verantwortung der Leitung

Wer eine Aktivität mit Kindern oder Jugendlichen leitet, ist dafür verantwortlich, dass die Teilnehmenden unversehrt heimkehren. Verantwortung kann wie eine schwere Last empfunden werden, die drückt und lähmt. Sie kann aber auch Herausforderung, Motivation und schliesslich Erfolgserlebnis bedeuten. Aktivitäten sollten mit der nötigen Vorsicht und trotzdem mit Freude in Angriff genommen werden. Der Verantwortung müssen sich alle Beteiligten bewusst sein, dies ist eine der wichtigsten Sicherheitsmassnahmen! Bei Wasseraktivitäten sollte jemand speziell mit der Funktion eines Sicherheitschefs betraut werden. Diese Person hat die Aufgabe, jede Aktivität auf eventuelle Sicherheitsmängel zu überprüfen.

Verantwortung übergeben

Es bringt viele Vorteile, wenn die Teilnehmenden einer Aktivität bereits in die Vorbereitung mit einbezogen werden. Das Leitungsteam kann deren Bedürfnisse berücksichtigen und sich auf gemeinsam getroffene Entscheide abstützen. Die Teilnehmenden sind besser informiert und dadurch auch motiviert und engagiert.
Bei der Übertragung von Aufgaben muss beachtet werden:

- Personen nicht überfordern, sondern die Aufgaben ihrem Wissen und Können anpassen
- Aufgaben und Verantwortung klar definieren und zeitlich überschaubar gestalten
- Bei der Übergabe die Aufgabe gemeinsam besprechen und danach beratend zur Seite stehen

Die Arbeit ist mit dieser kooperativen Führung nicht schneller erledigt, ganz im Gegenteil! Die Teilnehmenden werden aber ernst genommen. Jede und jeder tut etwas, wovon die anderen profitieren. Die Gesamtverantwortung für die Aktivität bleibt trotzdem bei der Leitung!

Strafrechtliche Verantwortung

Die leitende Person einer Aktivität darf und muss Entscheide fällen, weil sie für die Sicherheit auch rechtlich verantwortlich ist. Die Übernahme von Verantwortung ist aber nicht nur eine juristische, sondern vor allem eine moralische Verpflichtung.
Das Gesetz kennt drei Verschulden, nach welchen die Leitung einer Aktivität behaftet werden kann:

- *Übernahmeverschulden*
  Deshalb keine Aufgabe übernehmen, für die man selbst oder die Mitleitenden nicht die nötige Eignung und Ausbildung besitzt.
- *Vorbereitungsverschulden*
  Deshalb jede Aktivität sorgfältig vorbereiten.
- *Ausführungsverschulden*
  Deshalb an Mitleitende und vor allem Teilnehmende klare und genaue Anweisungen erteilen und Kontrollen durchführen. Bei Kindern reicht es nicht, eine Vorschrift einfach einmal zu erwähnen! Gefahren sollten vermieden werden, indem das Sichere und nicht das Risikoreiche gewählt wird.

Wem gegenüber ist man verantwortlich?

Als Leitungsperson einer Aktivität ist man gegenüber verschiedenen Personengruppen für die Folgen der durchgeführten Wasseraktivität, zum Beispiel einer mehrtägigen Flossfahrt, verantwortlich. Alle diese Gruppen haben deshalb Anspruch auf Informationen:

Wer	Vor der Wasseraktivität	Während der Wasseraktivität
Leitungsteam	Alle Personen verfügen immer über alle wichtigen Informationen.	Gemeinsame Besprechungen des Tagesablaufes, damit nicht eine Person alleine Entscheide treffen muss.
Teilnehmende	Routen, Ausrüstungslisten, Stand der Planung, Verhalten im Wasser usw.	Getroffene Entscheide, Programmabweichungen, Tagesprogramm, ...
Eltern (wichtig bei unmündigen Teilnehmenden)	Namen der Personen im Leitungsteam, Aktivitäten und Orte, die das Programm vorsieht.	Alles was den Rahmen des üblichen Programmes sprengt (Unfälle und Krankheiten, die eine ärztliche Behandlung erfordern, grosse Programmänderungen, ...). Häufig ist keine Zeit vorhanden für eine Absprache mit den Eltern, dann muss durch die Leitung im Sinne der Eltern entschieden werden. Die Eltern werden sobald wie möglich informiert.
Organisation	Wer, was, wann ... sofern die Aktivität unter dem Namen einer Organisation (Jugendverband, Schule) durchgeführt wird.	Probleme und grössere Änderungen mitteilen.
Umwelt im weitesten Sinne (unbeteiligte Dritte, Natur, Gesellschaft)	Alle weiteren Betroffenen sollen ausführlich informiert werden. Natürlich nicht nur aus Sicherheitsgründen, sondern auch als Öffentlichkeitsarbeit. Die Leitung und die Teilnehmenden tragen zudem eine grosse Verantwortung gegenüber der Natur – auch wenn sie sich nicht direkt wehren wird!	

Sicherheitskonzepte

Die Teilnehmenden müssen schrittweise in eine neue, ihnen unbekannte Aktivität eingeführt und dafür entsprechend ausgebildet werden. Die eigenen Grenzen müssen erkannt und respektiert werden. Es sind nur solche Aktivitäten durchzuführen, die den Teilnehmenden angepasst sind (Wissen, Können, Erfahrung, ...).

Umwelteinflüsse

Äussere Rahmenbedingungen können Wasseraktivitäten stark prägen. Es gibt verschiedene Faktoren, die nicht zu beeinflussen sind und denen man sich anpassen muss. Einige davon sind:

- Wetter, Temperatur, Jahreszeit, Nässe, Sonneneinstrahlung
- Tageszeit wie Mittagshitze oder Nacht
- Wasserstand des Flusses
- Aussenstehende Personen
- Verkehrswege neben dem Fluss

Diese Faktoren sind in die Planung einzubeziehen. Welche Wirkungen haben sie auf die Aktivität und die Sicherheit der Jugendlichen? Welche Wirkung hat die Aktivität auf unbeteiligte Personen?

Sicherheits-Check

- Die Vorbereitungen sind abgeschlossen und vollständig
- Die Aktivitäten sind den Jugendlichen angepasst
- Das Leitungsteam ist für diese Tätigkeit ausgebildet und verfügt über genügend Kenntnisse
- Die Sicherheitsvorschriften sind allen bekannt
- Verhaltensregeln und Unfallorganisation wurden mit den Jugendlichen besprochen
- Jugendliche und Leitungsteam sind vollständig informiert, der Ablauf ist allen klar
- Unfallorganisation ist gewährleistet und vorbereitet
- Kontakttelefon, Anlaufstellen und Treffpunkte bei Pannen sind organisiert
- Kontaktperson ist umfassend über das Vorhaben informiert und dokumentiert
- Erste-Hilfe-Material ist vorhanden und verteilt
- Ausrüstung entspricht den Erfordernissen, ist vollständig und funktionstauglich
- Ausrüstung wurde kontrolliert
- Wetterbericht wurde berücksichtigt
- Ausweichmöglichkeiten sind vorhanden und allen bekannt
- Kriterien zum Abbrechen der Aktivität wurden festgelegt und können von allen erkannt werden
- Unsicherheiten sind möglichst ausgeschlossen

6 Flussregeln

- Auf einem Schlauchboot oder Floss müssen alle mit einer Schwimmweste ausgerüstet sein!
- Unbekannte Flussabschnitte müssen vor jeder Fahrt zuerst erkundet werden!
- In freie Gewässer (Flüsse, Weiher und Seen) wagen sich nur gute und geübte SchwimmerInnen!
- Unterkühlung kann zu Muskelkrampf führen. Je kälter das Wasser, umso kürzer der Aufenthalt im Wasser!
- Die auf dem Boot angegebene Nutzlast darf nicht überschritten werden!
- Boote nicht zusammenbinden, da sie dann nicht mehr manövrierfähig sind!

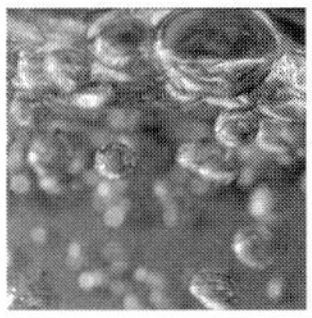

Unfallorganisation

Bei der Unfallorganisation kann nach dem Prinzip Schauen – Denken – Handeln vorgegangen werden. Das bedeutet:

Schauen (Übersicht gewinnen)

- Was ist passiert?
- Wie viele Personen sind verletzt oder betroffen?
- Wie schwerwiegend sind die Verletzungen? (Grobbeurteilung)

Denken

- Bestehen weitere Gefahren für Patienten und Helfende?
- Welche Sofortmassnahmen sind nötig?
- Sind Hilfsmittel vorhanden (Helfende, Material)?
- In welcher Reihenfolge sind verletzte Personen zu behandeln? Grundsätzlich zuerst regungslose, danach erst laut schreiende Patienten berücksichtigen.
- Ist Aufgabenteilung zu organisieren?

Handeln

- Sichern der verletzten Personen und der Helfenden!
- Unfallstelle absichern
- Verletzte aus der Gefahrenzone bergen, ohne sich selbst in Gefahr zu bringen!
- Lebensrettende Sofortmassnahmen: „GABI“ (resp. ABC)
- Alarmieren
- Transportfähigkeit prüfen
- Schutz des Patienten vor Witterungseinflüssen (Sonne, Regen, Kälte)
- Dauernde Überwachung, allenfalls erneute Durchführung der lebensrettenden Sofortmassnahmen
- Jede unnötige Manipulation am Patienten vermeiden, Kleider und Schuhe belassen
- Je nach Alter und Zustand müssen auch beteiligte aber unverletzte Personen beaufsichtigt werden

Transport

Durch professionelle Retter oder, wenn die Verletzten dadurch wirklich nicht weiter gefährdet werden, selbst transportieren.

Informieren

- Die Angehörigen benachrichtigen
- Eine umgehende schriftliche Meldung muss an die zuständigen Versicherungen weitergeleitet werden

Notfallblatt

Zum Nachschlagen in Notfallsituationen ist ein Buch wenig geeignet. In der Schweiz stellt Jugend und Sport (J+S) ein Notfallblatt zur Verfügung, das als Gedächtnisstütze dient und auch vorbeugende Massnahmen enthält. Es fasst das Wichtigste zusammen, enthält einen Alarmierungsauftrag und bietet vorgedruckte Formulare als Patienten- und Unfallprotokoll. Zudem sind eine Zusammenfassung der Unfallorganisation und der ersten Hilfe darauf zu finden. Vor allem aber findet es in einer Hosentasche Platz.

Alarmierung des Rettungsdienstes

Eine präzise Meldung erzielt eine wirkungsvolle Hilfe. Aus diesem Grund wird am Unfallplatz alles, was mitgeteilt werden muss, schriftlich auf einem Alarmierungsauftrag festgehalten. Als Beispiel sei wiederum auf das Notfallblatt von Jugend und Sport verwiesen.
Insbesondere für lange Alarmierungswege sind klare Abmachungen wichtig! Die Alarmierung wird von zwei, besser von drei Personen übernommen. Ist nur eine Per-

son am Unfallplatz, dann leistet diese zuerst erste Hilfe. Erst dann löst sie Alarm aus. Die verletzte Person warm, sicher und mit einer kurzen schriftlichen Nachricht über den Unfallhergang und getroffene Massnahmen, zurücklassen. Die Unfallstelle gut sichtbar markieren, damit sie auch nachts wieder gefunden wird.
Die alarmierende Person muss bis zum Abschluss der Rettung telefonisch erreichbar bleiben und darf nicht zum Unfallgeschehen zurückkehren.

Alarmierungsstellen

	Sanitätsnotruf	Polizei
Schweiz	144	117
Deutschland	112	110
Österreich	112	133

Protokollierung mit Notfallblatt von Jugend und Sport

Patientenprotokoll
Neben dem Alarmierungsauftrag ist ein abtrennbares Patientenprotokoll vorgesehen. Das ausgefüllte Protokoll bleibt immer bei der verletzten Person und wird gut sichtbar an ihr befestigt. Das Patientenprotokoll braucht nur bei lebensgefährlich Verletzten oder Schwerkranken ausgefüllt zu werden. Vielleicht ist es nicht immer möglich, alle Angaben zu machen, weil beispielsweise die Zeit dafür fehlt. In diesem Fall wird ausgefüllt, was möglich ist. Für die Ärztin oder den Arzt sind auch unvollständige Angaben wertvoll.

- Beobachtungen und getroffene Massnahmen werden in der Zeile „Bemerkungen“ mit fortlaufenden Zahlen nummeriert.
- Die Nummern werden auf die Rückseite übertragen, dazu die Massnahmen und Beobachtungen beschrieben. Das „U“ steht für „Unfall“.

Unfallprotokoll und Unfallskizze
Unfallprotokoll und Unfallskizze helfen, die Übersicht über die getroffenen Massnahmen zu behalten. Bei einem Lawinenunfall ist das sehr wichtig. Bei einem Badeunfall hingegen braucht man diese Formulare in der Regel nicht.

- Präzise Meldung = wirkungsvolle Hilfe
- Angaben, die nur mit erheblichem Zeitverlust gemacht werden können, weglassen

Zu alarmierende Stelle(n)

☐ REGA 1414
☐ Polizei 117
☐ Krankenwagen
☐ Rettungskolonne
☐

Meldung

Wer
- Name des Anrufers und Name der Organisation
- Telefonnummer des Anrufers (muss während der gesamten Dauer der Rettung besetzt bleiben)
- Standort des Anrufers

Was ist geschehen?

Wo Unfallort

Koord.: /
Höhe über Meer: m ü. M.
Landeskarte Blatt Nr.:

Wann Unfallzeit

Wieviele Zahl Verletzungsart

Weitere Angaben

- Falls gleichzeitig mehrere Stellen alarmiert werden: Angabe, wer alles alarmiert wurde oder noch wird (gemäss Auflistung links)
- Anzahl Helfende am Unfallplatz
- Wetter im Unfallgebiet:
  Sichtweite ☐ unter 200 m ☐ 200 m bis 1 km ☐ 1 km bis 2 km ☐ über 2 km
  Wolkenhöhe: m ü.M.
  Besondere Hinweise:
- Bei einer **Helikopterrettung**:
  ☐ Landung am Unfallort möglich. Vorhandene Hindernisse (Kabel, Leitungen, usw.)
  ☐ Landung m vom Unfallort entfernt in Richtung N / E / S / W möglich
  ☐ Landung unmöglich, Rettungswinde nötig

- Bei Anforderung einer **Rettungskolonne**:
  Zugang möglich ☐ zu Fuss ☐ mit Ski
  Route und Verhältnisse:
  Treffpunkt, bei dem die Retter von einem Helfenden abgeholt werden:
  Koord.: /
- Bei Anforderung eines **Krankenwagens**:
  Zufahrt möglich ☐ mit Personenwagen ☐ nur mit Geländefahrzeug
  Route und Verhältnisse:
  Treffpunkt, bei dem die Ambulanz von einem Helfenden abgeholt wird:

Bemerkungen:

Für weitere Bemerkungen Rückseite benützen

3 Einführung in Wasserspiele

Organisationsformen

Wasserspiele können in die folgenden Organisationsformen unterteilt werden.

Organisationsformen im Lehrschwimmbecken

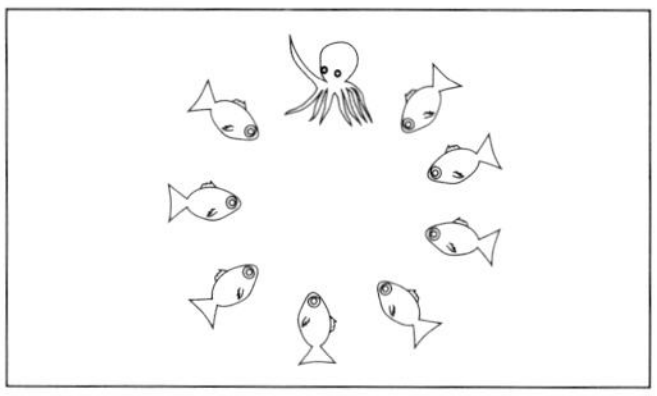

Kreisaufstellung
Lehrperson im Wasser

Besonders für ängstliche Kinder eignet sich die Kreisaufstellung. Durch die Handfassung zum nächsten Kind oder zur Lehrperson ist zusätzliche Sicherheit gegeben. Die Kinder, die am ängstlichsten sind, dürfen dabei der Lehrperson die Hand geben.

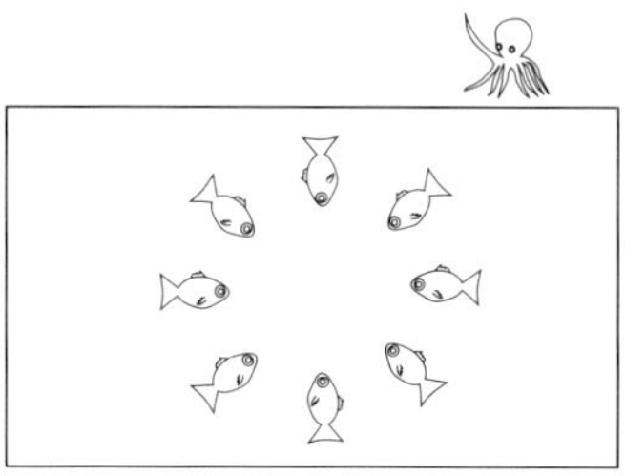

Kreisaufstellung
Lehrperson am Beckenrand

Die Kinder stehen mit oder ohne Handfassung im Kreis. Die Kreisaufstellung eignet sich für unterschiedliche Spiel- und Übungsformen:

- Spielerische Wassergewöhnung: Laurentia usw.
- Auftreiben: Karussell usw.
- Atmen: Tischtennisball pusten usw.
- Tauchen: Tunneltauchen im Kreis usw.

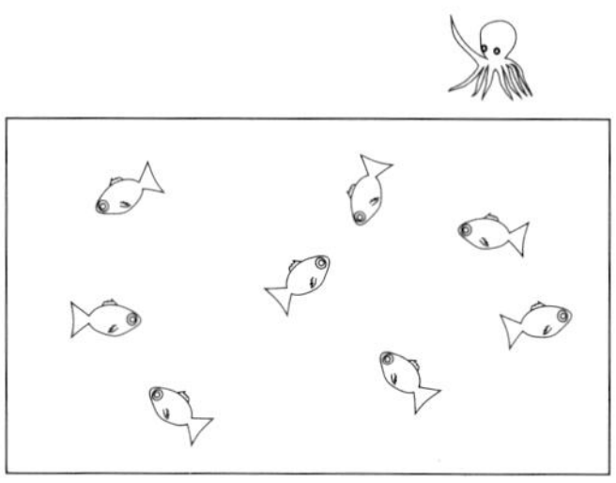

Offene Aufstellung

Für viele Spiel- und Übungsformen bietet sich die offene Aufstellung an:

- Kommunikative und interaktive Spiele: Atomspiel, Begrüssungsspiel usw.
- Lauf- und Fangspiele: Kettenfangen, Fangen mit Erlösen usw.
- Spiele zu Musik
- Übungsformen zum Atmen, Tauchen und Auftreiben

Übungen auf der Treppe

Das Springen vom Beckenrand kann von den Treppenstufen gut vorbereitet werden:

- Einfache Fusssprünge
- Kreative Sprünge: Wer kann am lustigsten ins Wasser springen
- Gleitsprünge

Das Auftreiben kann mit Hilfe der Treppe erfahren werden:

- Teilkörperauftrieb
- Liegestütz vor- und rücklings

Die Atmung kann an der Treppe schrittweise geschult werden:

- Im Liegestütz, Füsse auf der Treppe, langsam ins Wasser ausatmen

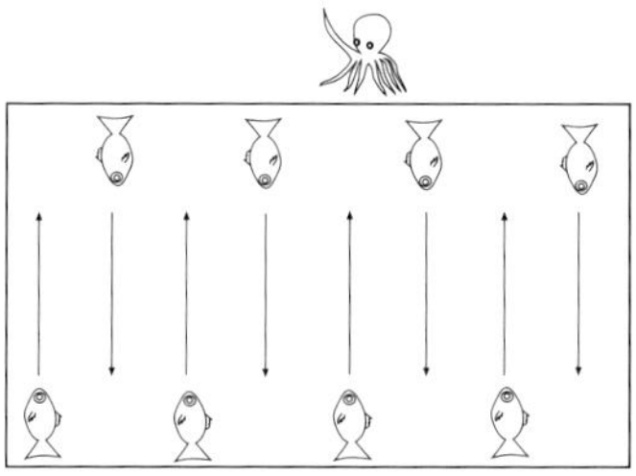

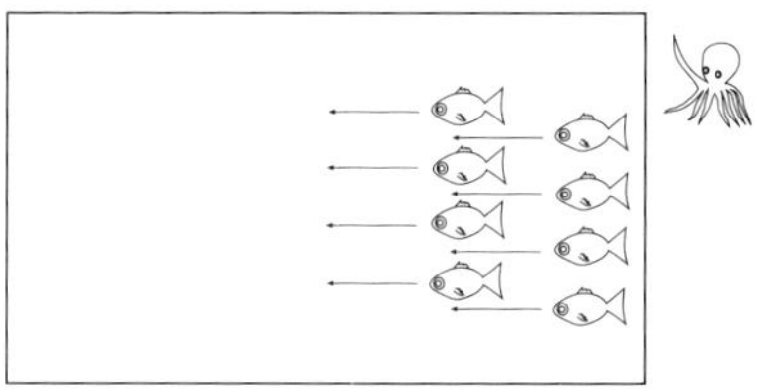

Quer- und Längsbahnen

Einfache Spiel- und Übungsformen zur Fortbewegung im Wasser können in Quer- und Längsbahnen im Lehrschwimmbecken durchgeführt werden:

- Durchs Wasser gehen, laufen, hüpfen
- Wettläufe mit oder ohne Einsatz der Arme
- Armbewegungen beim Laufen
- Gleiten mit und ohne Partnerhilfe
- Staffelspiele

Organisationsformen im Schwimmerbecken

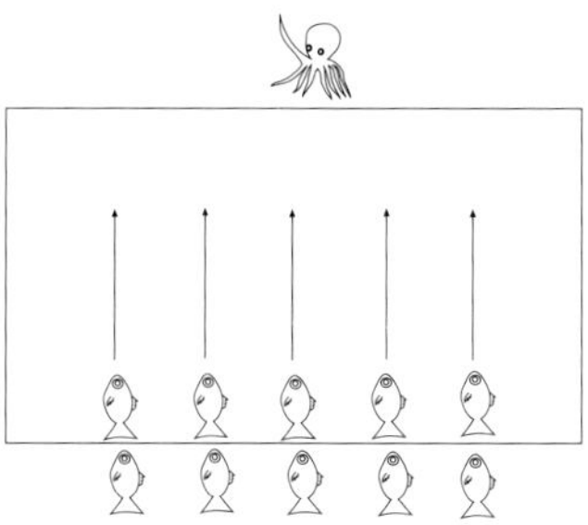

Querbahnen (einüben einer Schwimmtechnik)

Wenn Kinder in der Lage sind, eine Querbahn in einer gerade gelernten Schwimmtechnik zurückzulegen, bietet sich diese Organisationsform an:

- Gleiten
- Beinschlagschwimmen mit oder ohne Schwimmbrett
- Armzug mit oder ohne Pullboys
- Koordination von Armen und Beinen
- Sprintübungen
- Tauchen

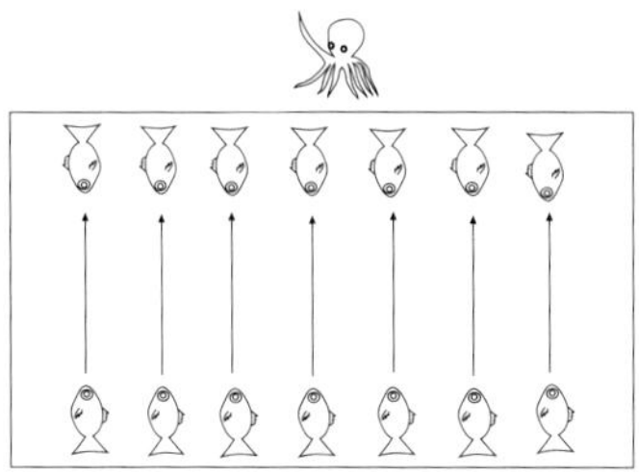

Querbahnen (Verbesserung von Schwimmtechniken)

Zur Schulung unter kontrollierten Bedingungen können Schwimmtechniken verbessert werden, wobei ein Partner zur Bewegungsbeobachtung und -korrektur eingesetzt werden kann:
Kind A schwimmt auf Kind B zu, dieses beobachtet und korrigiert A. Nun schwimmt A zurück und versucht dabei die Korrekturhinweise umzusetzen. Dann schwimmt B auf A zu, lässt sich korrigieren usw.

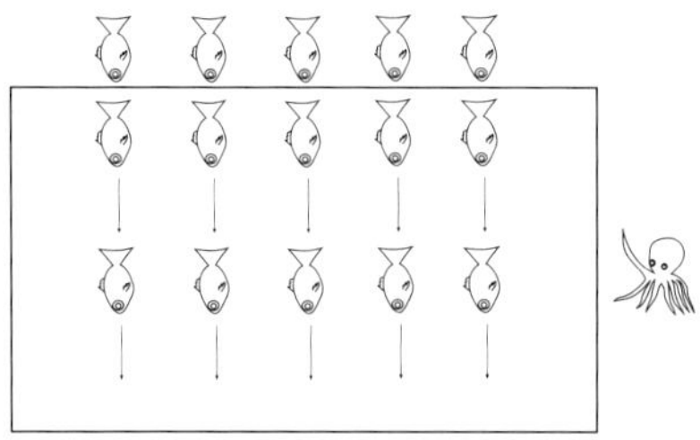

Querbahnen (schwimmen in Wellen)

Drei oder mehr Gruppen schwimmen in Wellen nacheinander eine Querbahn, zur Einübung und zum Festigen von Schwimmtechniken.

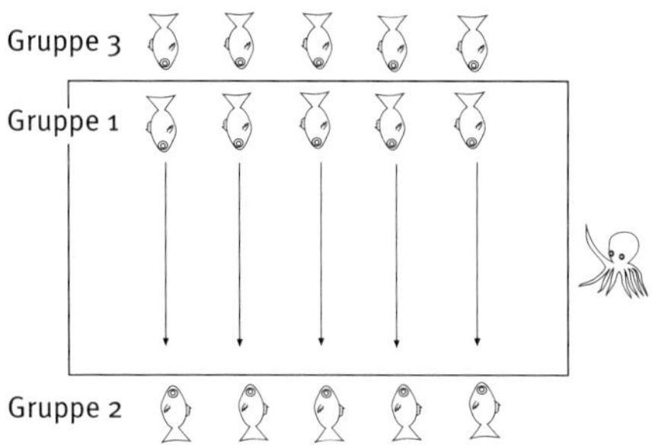

Querbahnen (gesicherter Beckenrand)

Besonders beim Rückenschwimmen ist es wichtig, dass bei den Kindern keine Angst aufkommt, gegen den Beckenrand zu prallen. Zunächst schwimmt Gruppe 1 auf Gruppe 2 zu, die darauf achtet, dass niemand gegen den Beckenrand stösst, indem sie den Rand absichert. Danach schwimmt die Gruppe 2 auf die Gruppe 3 zu. Es folgt Gruppe 3, die zum von Gruppe 1 gesicherten Beckenrand schwimmt.

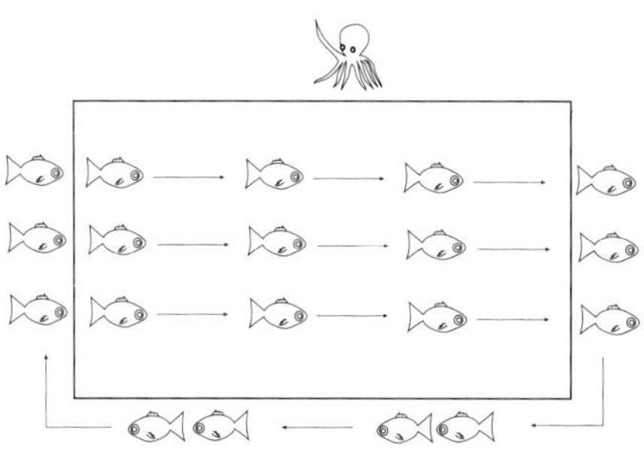

Schwimmen auf einer Längsbahn

Nachdem jedes Kind eine Längsbahn geschwommen hat, kehrt es zu Fuss entlang des Beckenrands zurück. Diese Organisationsform eignet sich bei:

- Startübungen
- Start zum Brustschwimmen mit Tauchzug

- Spezielle Atmungsschulung (3er-, 5er-Rhythmus)
- Streckentauchen, anschliessend weiterschwimmen
- Sprints

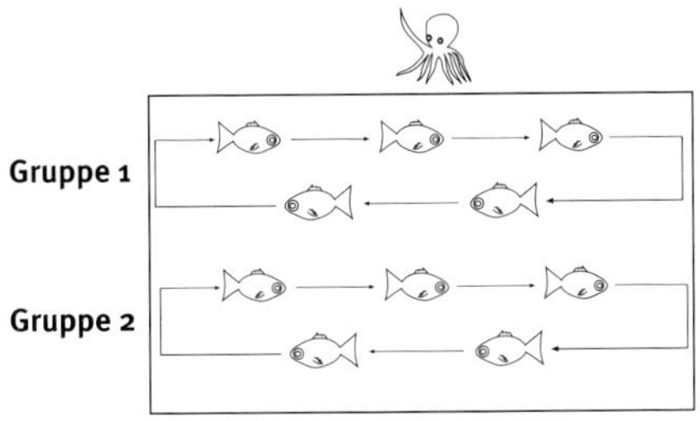

Schwimmen mehrerer Längsbahnen

Sobald das Kind in der Lage ist, mehrere Bahnen hintereinander zu schwimmen, können diese beiden Organisationsformen für folgende Anwendungsbereiche benützt werden:

- Einschwimmen
- Schulung des Beinschlags oder des Armzugs
- Schwimmtechnik: Erarbeitung oder Festigung
- Cool down (Ausschwimmen)

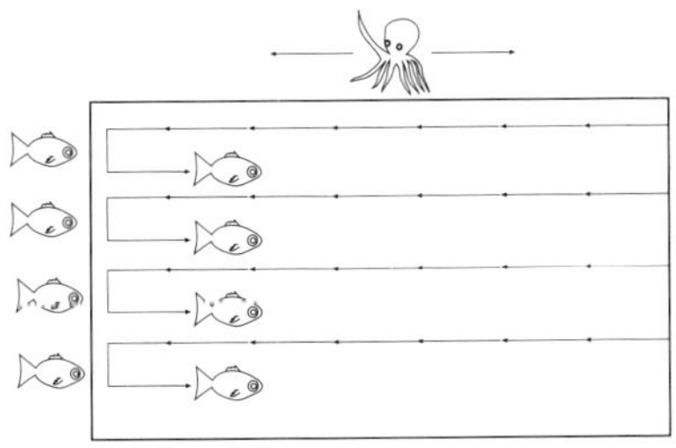

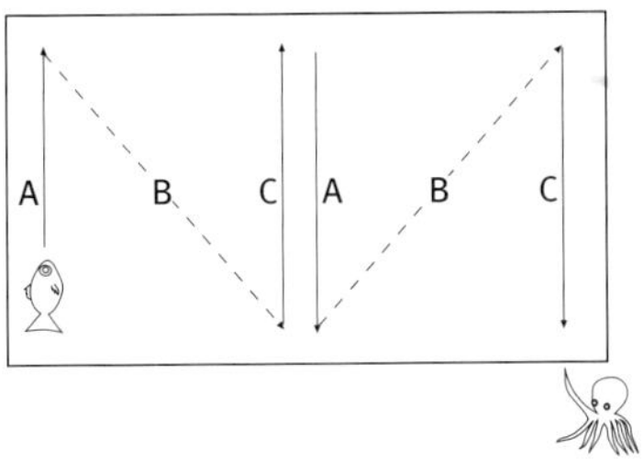

Weitere Organisationsform: N-Form

Bei der N-Form werden Quer- und Diagonalbahnen miteinander kombiniert. So kann beispielsweise auf der Bahn A nur mit Kraulbeinschlag geschwommen werden, auf Bahn B Kraulgesamtkoordination (Arme und Beine mit Atmung) und auf Bahn C nur Kraularmzug.

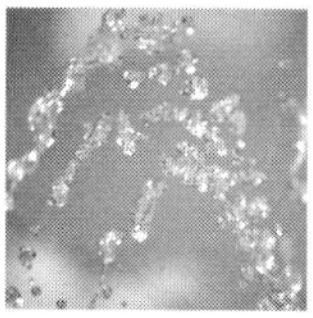

Methodisches Konzept

Die im Folgenden vorgestellten Unterrichtsmethoden zum Einführen von Wasserspielen will einen ganzheitlichen Ansatz für den Sportunterricht ermöglichen. Sie baut auf den bewährten Methoden von Lewin und Wilke auf, die seit mehr als zwanzig Jahren in verschiedenen Anfängerschwimmgruppen mit Erfolg erprobt wurden (Schwimmen mit Babys und kleinen Kindern, Schwimmen mit behinderten Kindern und Jugendlichen, Schwimmunterricht in der Primarstufe, Schwimmunterricht in der Sportlehrerausbildung).

Das Anfängerschwimmen (Tauchen, Atmen, Springen, Auftreiben und Gleiten) wird ergänzt mit spielerischer Wassergewöhnung, welche bei unterschiedlichen Zielgruppen erfolgreich eingesetzt wird. Besonders wichtig ist sie im Schwimmunterricht mit sehr jungen Kindern, damit eine gute Grundbasis für Wasseraktivitäten gelegt ist. Das vorgestellte methodische Unterrichtskonzept für Wasserspiele umfasst folgende Bereiche:

1. Spielerische Wassergewöhnung
2. Tauchen und Atmen
3. Springen
4. Auftreiben
5. Gleiten

In jedem dieser fünf Bereiche können auf unterschiedlichen Niveaus vielfältige Erfahrungen gemacht werden. Dabei lassen sich die jeweiligen Lernziele sowohl über offene Aufgabenstellungen als auch über exakte Spiel- und Bewegungsanweisungen erarbeiten.

Zu den einzelnen Sequenzen werden auf den folgenden Seiten einige Beispiele aufgezeigt.

Spielerische Wassergewöhnung

Aus der riesigen Fülle der verschiedenen Spielformen sollen zunächst einige Beispiele vorgestellt werden. Die aufgezählten Spielkategorien werden im Kapitel 4 (Seite 51) ausführlicher behandelt.

Kategorien für spielerische Wassergewöhnung:
- Lauf- und Fangspiele
- Ballspiele
- Staffelspiele
- Kommunikations- und Integrationsspiele
- Darstellende Spiele
- Kraft- und Koordinationsspiele

Bewegungsgeschichte „Auf dem Bahnhof"

Zwischenverpflegung holen
Kinder marschieren mit erhobenen Händen durchs Wasser.

Zugwechsel (Umsteigen)
Kinder sitzen am Beckenrand und springen ins hüfthohe Wasser, rennen durch das Wasser auf die gegenüberliegende Seite und setzen sich dort wieder auf den Beckenrand.

Platzregen beim Aussteigen
Kinder springen vom Beckenrand und rennen im Wasser umher, dabei spritzen sie mit den Händen das Wasser in die Höhe.

Schwere Koffer tragen
Kinder gehen in die Knie, sodass sie bis zum Hals im Wasser sind, und marschieren so umher.

Bewegungsgeschichte „Reise durch Afrika"

Mit dem Boot: aus dem Hafen fahren und Segel setzen
Am Beckenrand sitzend mit den Füssen im Wasser strampeln, ins Wasser steigen und mit den Armen nach oben ziehen (Segel setzen).

Durch das Meer segeln
Kinder marschieren durch das Wasser und schaukeln mit dem Oberkörper hin und her.

Matrosen waschen sich
Kinder waschen sich das Gesicht, die Haare und den Oberkörper.

Sturm kommt auf
Kinder spritzen mit den Händen das Wasser in die Höhe oder schlagen auf die Wasseroberfläche.

Im Dschungel laufen, über Äste und Steine laufen und plötzlich in ein Loch fallen
Kinder machen vorsichtig grosse Schritte im Wasser. Plötzlich fallen die Kinder ins Loch. Sie ziehen die Beine an und tauchen vielleicht sogar unter Wasser.

Böse Tiere tauchen auf
Kinder rennen wild im Wasser durcheinander und fliehen auf verschiedene Beckenränder.

Erholung in einer Oase
Kinder liegen bei der Treppe im Wasser und erholen sich.

Tierarten

Alle Kinder dürfen sich wie Tiere durchs Wasser bewegen:
- Froschhüpfen
- Galoppieren wie Pferde
- Stampfen wie Trampeltiere
- Storchengang, usw.

Spiel „Ene mene Miste"

Alle Kinder halten sich an den Händen und bilden einen Kreis. Jemand stellt sich als Fänger oder Fängerin in die Mitte des Kreises. Nun sagen alle gemeinsam das folgende Sprüchlein und hüpfen dazu:
„Ene mene Miste, es rappelt in der Kiste.
Ene mene Meck, und alle schwimmen weg!"
Nach dem letzten Wort laufen oder schwimmen alle ganz schnell zum Beckenrand,

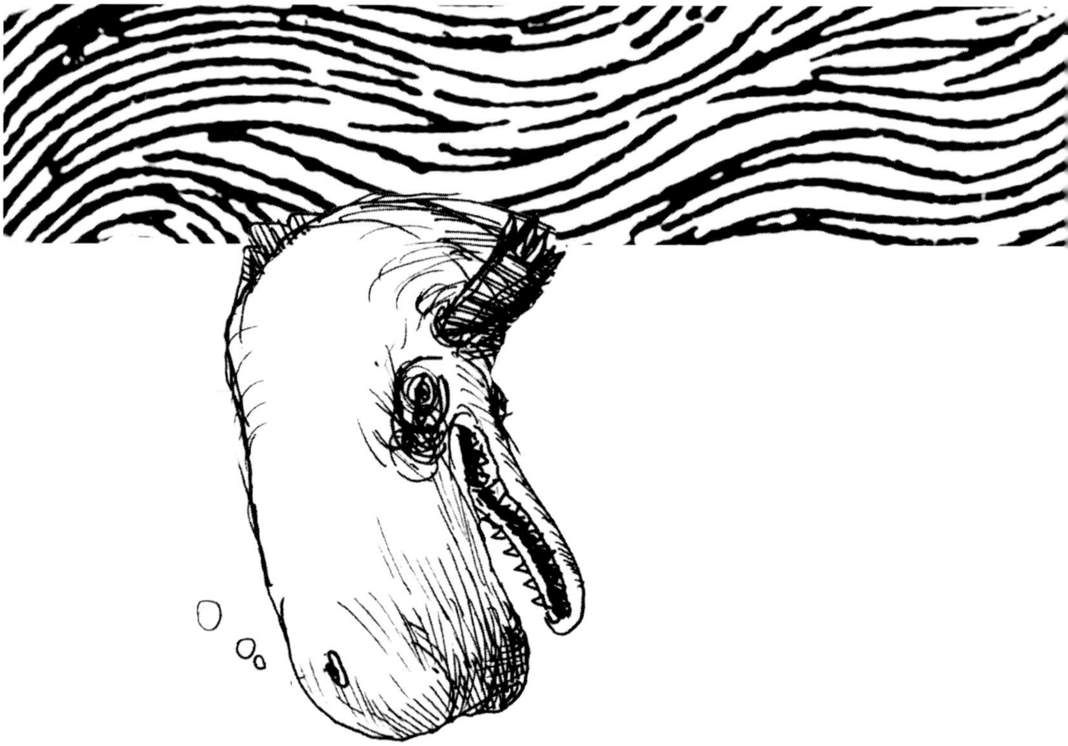

während die fangende Person versucht, ein davon laufendes Kind vor dem Erreichen des Beckenrandes abzufangen. Gelingt dies, kommt die gefangene Person als neuer Fänger in die Kreismitte.

Tauchen und Atmen

Unter Tauchen versteht man, dass sich eine Person bewusst unter die Wasseroberfläche begibt, und sich unter Wasser orientieren und fortbewegen kann.
Beim Tauchen können folgende körperliche Reflexe hinderlich sein:

- *Lidschutzreflex*
  Normalerweise wollen unsere Augenlider die Augen vor Fremdeinwirkungen schützen. Wenn beim Spazierengehen im Wald ein Zweig ins Gesicht schiesst, so wird das Auge reflexartig geschlossen. Beim Eintauchen des Kopfes schützt sich das Auge vor dem Wasser ebenso. Dieser Reflex kann durch willentliches Öffnen der Augen unter Wasser abgebaut werden.

- *Kopfstellungsreflex*
  Beim Nach-vorne-Fallen versucht der Körper den Kopf durch Zurückbeugen vor Verletzungen zu schützen. Dieser Stellreflex ist sehr hinderlich, denn er verhindert die optimale Wasserlage beim Gleiten oder Kopfsprung.
- *Atemreiz*
  Der Atemreiz sorgt dafür, dass wir nicht zu lange die Luft anhalten. Das Tauchen unterdrückt den Atemreiz und trägt dazu bei, die Atmung bewusst zu steuern.

Die folgende methodische Aufbaureihe hat sich beim Tauchtraining mit Kindern bewährt. Das heisst jedoch nicht, dass immer Schritt für Schritt vorgegangen werden muss.

1. Gesicht mit Wasser in Berührung bringen

- *Duschen*
  Die Kinder duschen gemeinsam und lernen, dass das Wasser ohne Schaden über alle Körperteile und auch über den Kopf laufen kann.
  Variationen: Unterschiedliche Temperaturen einstellen; Duschen und spritzen; Wechselduschen mit kaltem und warmem Wasser.
- *Nass spritzen*
  Ein Teil der Gruppe steht bei der Treppe im Wasser. Die anderen setzen sich auf die Treppe und dürfen nun die Kinder im Becken nass spritzen.
- *Waschanlage*
  Die Kinder stellen sich in zwei Reihen und bilden eine Gasse. Sie spritzen mit den Händen gegen die Mitte. Wer wagt sich durch diese Waschanlage?
- *Blumengiessen*
  Jedes Kind spielt eine Blume. Zwei oder mehrere Kinder gehen als Gärtnerin oder Gärtner herum und begiessen mit ihren Händen oder mit einem Behälter die herumstehenden Blumen.

2. Kopf in die Nähe der Wasseroberfläche bringen

- *Regattasegeln*
  Korken, Seifenschälchen oder Tischtennisbälle wie Schiffe über das Wasser pusten. Wer dabei erfolgreich sein will, muss mit dem Mund sehr nahe an die Wasseroberfläche gehen.
- *Wettpusten*
  Zwei Kinder haben ein Schiffchen (Korken) zwischen sich und versuchen nun, diesen Korken auf die Seite des Partners zu pusten.
- *Wasserballschieben*
  Jedes Kind versucht, einen Wasserball mit dem Kopf auf die andere Seite zu schieben.

3. Kopf aufs Wasser legen

- *Glasbodenboot*
  Ein Reifen wird als Glasboden auf das Wasser gelegt. Die Kinder beobachten durch diesen „Glasboden" die Fische im Meer, indem sie das Gesicht aufs Wasser legen.
- *Dem Beckenrand entlangtauchen*
  Die Kinder greifen mit einer Hand in die Überlaufrinne am Beckenrand und bewegen sich mit eingetauchtem Gesicht seitwärts.

4. Kopf unter Wasser tauchen

- *Kopf untertauchen*
  Zwei Kinder geben einander die Hände. Abwechselnd geht ein Kind in die tiefe Hocke und taucht dabei den Kopf ins Wasser.
  Variation Feuerwehrpumpe: Abwechslungsweise geht ein Kind in die Knie, das andere Kind steht gleichzeitig auf.
- *Unter Gegenständen durchtauchen*
  Zwei Kinder halten einen Reifen horizontal ins Wasser. Das dritte Kind taucht von unten in den Reifen hinein und wieder hinaus.

- *Unter Wasser Lieder singen*
  Ein wassergewohntes Kind singt unter Wasser ein einfaches Lied. Die anderen legen ihren Kopf auf oder unter das Wasser und versuchen, das Lied zu erraten.

5. Unter Wasser die Augen öffnen

- *Gegenstände aus dem Wasser holen*
  Es werden Gegenstände (Tauchringe, Tauchsteine usw.) im Lehrschwimmbecken am Boden verteilt, die nun von den Kindern aus dem Wasser geholt werden müssen.
- *Grimassen schneiden*
  Zwei Kinder tauchen zusammen unter. Ein Kind schneidet eine Grimasse. Beide tauchen wieder auf. Das andere Kind wiederholt diese Grimasse über Wasser.
  Variation: das gleiche Spiel mit Finger zählen. Ein Kind streckt unter Wasser beliebig viele Finger auf, das andere zeigt nach dem Auftauchen die Anzahl Finger.
- *Figurenlegen*
  Verschiedene Gegenstände werden unter Wasser so verteilt, dass sie Figuren bilden. Die Kinder müssen nun von Gegenstand zu Gegenstand tauchen und versuchen, die Figur zu erkennen. Variation: Die Kinder legen mit den Gegenständen einen Buchstaben oder ein Bild.

6. Tauchen und atmen

- *Loch ins Wasser blasen*
- *Tischtennisball übers Wasser pusten*
- *Ausatmen und dabei langsam in die Hocke gehen*
- *Feuerwehrpumpe*
  Zwei Kinder fassen sich an den Händen. Nun geht ein Kind in die Hocke und atmet dabei unter Wasser aus. Wenn es wieder auftaucht, geht das andere Kind in die Hocke, um unter Wasser auszuatmen.
- *Zeittauchen*
  Die Kinder tauchen ab und versuchen, eine Zeit lang die Luft anzuhalten.

7. Beine vom Boden lösen

- *Lift*
  Zwei Kinder stehen einander gegenüber. Ein Kind stellt sich mit geschlossenen Beinen hin. Das andere Kind legt sich horizontal aufs Wasser und zieht sich dann an den Beinen des Partners entlang hinab, indem es seine Hände abwechselnd nach unten bewegt.
- *Karussell*
  Alle Kinder stehen im Kreis und halten sich die Hände. Jedes zweite Kind darf sich mit dem Gesicht nach vorne aufs Wasser legen. Die anderen sorgen für den sicheren Halt. Die Stehenden drehen sich nun im Kreis.
- *Katz und Maus*
  Die Kinder halten sich an den Händen und bilden einen Kreis. Darin befinden sich einige Kinder als Mäuse. Um den Kreis schleicht eine Katze, die versucht, zwischen den Armen der Kinder im Kreis die Mäuse durch Berühren zu fangen.
- *Drüber und drunter*
  Paare, die sich jeweils an den Händen fassen, bilden zwei gleich lange Doppelkolonnen. Das hinterste Paar startet auf ein Signal. Es steigt über die Arme des nächsten Paares und taucht unter den Armen des nächsten Paares durch.
  Variation: Es werden zwei Reihen gebildet. Die einte Reihe schlängelt sich geschlossen durch die andere Reihe.

8. Gezieltes Fortbewegen unter Wasser

- *Zwischen Beinen durchtauchen*
  Ein Kind stellt sich mit gegrätschten Beinen so hin, dass das andere Kind zwi-

schen den Beinen hindurchtauchen kann. (Achtung: Immer den Partner von vorne antauchen, damit dieser sehen kann, wie weit man getaucht ist und eventuell helfen kann.)

- *Tunneltauchen*
  Mehrere Kinder stehen hintereinander mit gegrätschten Beinen. Ein Kind darf nun durch diesen Tunnel tauchen.
- *Aal*
  Ein Kind taucht eine 8 um die gegrätschten Beine des Partners oder schlängelt sich unter Wasser wie ein Aal um die Beine der versetzt stehenden Gruppenmitglieder.
- *Handstandlaufen*
  Welches Kind kann auf den Händen im Lehrschwimmbecken stehen und so am weitesten laufen?

9. Tieftauchen

- Verschiedene Gegenstände aus unterschiedlichen Wassertiefen herausholen
- Tauchen und ausatmen, dabei bis auf den Grund absacken lassen
- Fusswärts abtauchen
- Kopfwärts abtauchen

10. Gezieltes Streckentauchen

- *Unterwasserhöhlengang*
  Zwei oder drei Kinder halten Reifen vertikal hintereinander ins Wasser. Nun versuchen die anderen Kinder durch diese Höhle zu tauchen.
- *Slalomtauchen*
  Mehrere Kinder stehen nebeneinander in einer Reihe, sodass die gegrätschten Beine einen Slalomparcours bilden, durch den nun jedes Kind einmal tauchen darf.
- *Springen und Tauchen*
  Das Kind springt von der Treppe oder vom Beckenrand ins Wasser und versucht möglichst weit zu tauchen.

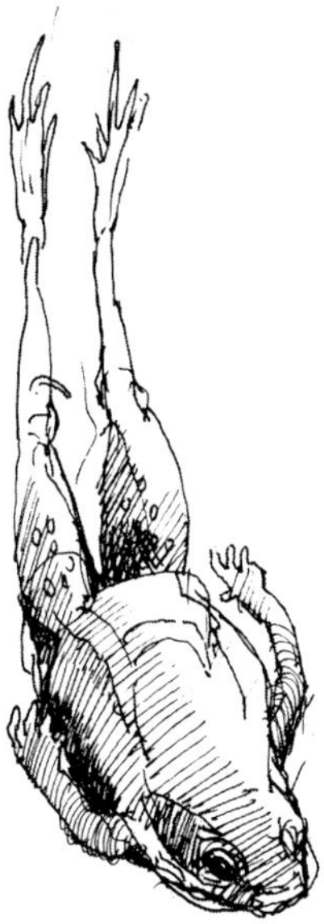

Springen

Schon in den ersten Schwimmstunden zum Thema Springen müssen den Kindern aus Sicherheitsgründen einige verbindliche Regeln vermittelt werden:

- Keine Sprünge aus dem Anlauf wegen der Gefahr des Ausrutschens!
- Zehen umkrallen den Beckenrand, um das Ausrutschen zu vermeiden.
- Erst springen, wenn die Wasserfläche frei ist!
- Nur auf Zeichen des Leitenden springen!
- Keine Kopfsprünge ins Lehrschwimmbecken – Lebensgefahr!

Um ängstliche Kinder nicht zu überfordern, sollte auch das Springen mit sehr einfachen Spielformen beginnen. Bewegungsaufgaben wecken den Einfallsreichtum und die Kreativität der Kinder, daher sollten sie als offene Bewegungsaufgaben gestellt werden.
Hier nun ein möglicher Aufbau für das Thema Springen.

1. Hüpfen und springen im Wasser

- *Tierspiele*
  Kinder stellen verschieden Tiere dar, welche im Wasser (oder auf Land) hüpfen: Froschsprünge; Kängurusprünge;

Storch im Wasser. Variation: Tiere erraten, welches ein Kind vormacht.

- *Spiegelspringen*
  Ein Kind macht einen Sprung vor, sein Partner macht den selben Sprung nach. Anschliessend wechseln die Rollen.
- *Springen am Beckenrand*
  Die Kinder springen auf verschiedene Arten ins Wasser, wobei sie sich jeweils am Beckenrand festhalten.

2. Springen von der Treppe

- *Springen von der ersten/zweiten/dritten Stufe*
  Der erste Sprung wird mit Partnerhilfe vorbereitet. In kleinen Schritten kann die Hilfe des Partners abgebaut werden. Anschliessend wird die Höhe (2. oder 3. Treppenstufe) gesteigert.
- *Springen mit Zusatzaufgaben*
  Den Kindern werden unterschiedlichste Zusatzaufgaben gestellt: „Wer kann beim Springen in die Hände klatschen?"
- *Bonbonspflücken*
  Wer kann von einer hochgehaltenen Leine Luftballons, Bonbons usw. im Sprung abpflücken?

3. Springen vom Beckenrand

- *Springen aus dem Sitz*
  Das Springen vom Beckenrand erfolgt zuerst aus dem Sitz mit Partnerhilfe. Später wird in kleinen Schritten die Hilfe des Partners abgebaut.
- *Springen aus der Hocke*
- *Springen aus dem Stand*
- *Fusssprungvariationen*
  Wer kann beim Springen folgende Aufgaben lösen: am weitesten springen, am höchsten springen, Drehung um die Längsachse, Froschsprung?

4. Springen mit Zusatzaufgaben

- Wer kann über oder auf ein Schwimmbrett springen?
- Wer kann in einen Reifen springen?
- Wer kann so springen, dass es am stärksten/wenigsten spritzt?
- Wer kann am lustigsten springen?

5. Springen mit einem Partner und Gruppensprünge

- *Verschiedene Sprünge mit einem Partner gestalten*
  Fusssprünge, lustige Sprünge, Huckepacksprünge, Handstandsprünge
- *Kettenreaktion*
  Alle Kinder setzen sich mit dem Rücken zum Wasser ganz nah an die Beckenrandkante und haken sich mit den Armen beim nächsten Kind ein. Wenn nun das erste Kind in der Reihe sich rückwärts ins Wasser fallen lässt, fallen alle in einer „Kettenreaktion" mit ins Wasser.
- *Bobfahren*
  Alle Kinder sitzen so am Beckenrand, dass eine Schulter zum Wasser zeigt. Sie sitzen so nah hintereinander, dass sie zwischen den Beinen des hinteren Kindes sitzen und das Kind vor sich an den Schultern festhalten können. Nun stellt sich die gesamte Gruppe vor, dass sie in einem riesigen Bob sitzt und eine Bobbahn hinunterfährt: Es kommt eine grössere Rechtskurve (alle kippen mit zur rechten Seite), dann kommt eine gewaltige Linkskurve und alle fallen ins Wasser.

6. Kopfwärtiges Springen

- Von der Treppe kopfwärts springen (Gleitsprung)
- Durch einen Reifen kopfwärts springen
- Vom Beckenrand aus dem Sitz kopfwärts springen
- Vom Startblock oder 1m-Brett aus dem Sitz kopfwärts springen
- Stehend vom Beckenrand kopfwärts springen

Auftreiben

Für Kinder ist die waagerechte Körperlage, die sie beim Auftreiben einnehmen, am Anfang noch ungewohnt. Um sich zu orientieren, heben sie ihren Kopf aus dem Wasser. Diesen Reflex gilt es bei Kindern zu unterdrücken. Um eine optimale Wasserlage beim Schwimmen zu erreichen, muss der Kopf aufs Wasser gelegt werden. Für EinsteigerInnen ist es schwierig, in dieser Wasserlage den Körper richtig auszubalancieren. Auch das Aufstehen aus der Schwimmlage bereitet anfänglich Schwierigkeiten. Schwimmeinsteiger sind unsicher, wie sie aus der waagrechten Wasserlage mit beiden Beinen wieder sicheren Boden unter die Füsse bekommen können.

1. Unbewusst und bewusst den Auftrieb erleben

- *Kreis- und Singspiele*
- *Lauf- und Fangspiele*
- *Staffelspiele*
- *Auftriebsverhalten unterschiedlicher Gegenstände beobachten*
  Verschiedene Gegenstände (z. B. Bälle, Reifen, Schwimmbretter, Tauchringe) unter Wasser drücken, loslassen und ihr Verhalten beobachten.
- *Auftrieb des menschlichen Körpers bewusst machen*
  Die Kinder probieren, wie der menschliche Körper sich im Wasser verhält: Auftrieb im Stehen – Auftrieb bei tiefer Hocke oder anderer Körperhaltung – Auftrieb bei tiefer Atmung.

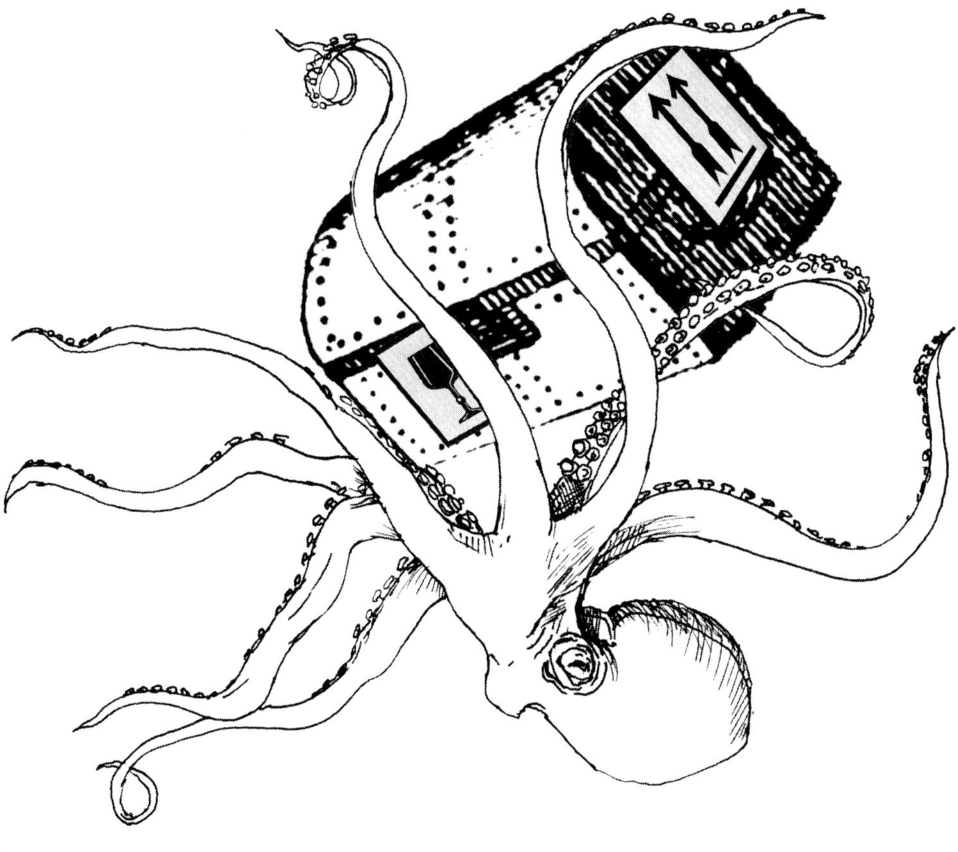

2. Teile des Körpers auftreiben lassen

- *Auftreiben in Brustlage*
  Die Hände stützen den Körper auf dem Boden des Schwimmbeckens oder auf einer Treppenstufe ab. Nach tiefem Einatmen wird der Auftrieb des Körpers beobachtet.
  Variation: Ein wechselseitiges Vorziehen und Zurückziehen des gestreckten Körpers.
- *Lösen der Hände vom Boden*
  Den Körper nur noch mit den Fingerspitzen stützen. Kurzzeitiges Lösen der Hände vom Boden. Der Kopf wird ins Wasser getaucht, nachdem zuvor die Schultern unter die Wasseroberfläche gebracht wurden.
- *Auftreiben in Rückenlage*
  Die Hände stützen den Körper neben dem Gesäss auf dem Schwimmbeckenboden oder auf einer Treppenstufe ab. Die Zehen werden aus dem Wasser gestreckt. Die Unterschenkel treiben an der Wasseroberfläche.

3. Auftreiben mit oder ohne Partnerhilfe

- *Auftreiben im Kreis*
  Alle Kinder stehen im Kreis und halten sich an den Händen. Jeder Zweite darf sich nun aufs Wasser legen (Rückenlage, Bauchlage), die anderen sorgen für sicheren Halt.
- *Auftreiben mit Partnerhilfe*
  Ein Kind hebt die Beine vom Boden, das andere Kind hält es fest und sorgt für seine Sicherheit.
- *Auftreiben mit Sicherheitsstellung eines Kindes*
  Auftreiben zunächst noch mit Partnerhilfe. Diese wird in kleinen Schritten abgebaut: nur noch an einer Hand halten, nur noch an den Fingerspitzen halten und schliesslich nur noch zur Sicherheit bereit stehen.

4. Freies Auftreiben

- *Hockqualle*
  Tief einatmen, in die Hockstellung gehen und die Knie umfassen. Nun kann der Körper wieder an die Wasseroberfläche auftreiben.
- *Streckqualle*
  Tief einatmen und sich gestreckt aufs Wasser legen (Bauchlage, Rückenlage, mit Armen und Beinen gespreizt oder geschlossen).
- *U-Boot*
  An den Sprossen einer Einstiegsleiter, einem Gymnastikstab oder an den Beinen eines Partners hinabhangeln; anschliessend loslassen und an die Oberfläche treiben lassen.

Gleiten

Das Gleiten hat eine sehr zentrale Stellung in der Wassergewöhnung. Es ist Ausgangsbasis zum Erlernen jeder Schwimmtechnik. Voraussetzungen für das Gleiten sind Erfahrungen mit dem statischen Auftrieb im Wasser. Das Gleiten wird koordinativ anspruchsvoll, wenn Arme und Beine vom Boden des Schwimmbeckens gelöst wurden, sich gleichzeitig der gestreckte Körper auf dem Wasser treiben lässt und eine automatisierte Atmung einsetzt.
Ein Problem bleibt auch das Aufstehen aus der Gleitlage. Die Kinder müssen lernen, aus der Gleitlage die Beine zuerst anzuziehen und anschliessend senkrecht auf den Boden zu stellen. Ein Ausrutscher auf dem Beckenboden kann zu traumatischen Erlebnissen führen. Gerade deshalb sollte das Aufstehen als Teil des Gleitens eingeführt werden.

1. Passives Gleiten in Rückenlage und Bauchlage

- Die Partnerin oder der Partner wird in Rückenlage auf dem Wasser gezogen. Dazu möglichst nahe am Körper anfassen (unter die Achseln greifen und den Kopf auf die Schulter legen lassen). Das helfende Kind geht rückwärts.
- Ziehen der Partnerin in Rückenlage, wobei die ziehende Person ihre Schulter auf der Höhe der Wasseroberfläche hat, sodass der Kopf der gezogenen Person sehr nahe bei der Wasseroberfläche ist.
- Mit gestreckten Armen den Partner in Rückenlage ziehen.
- Die Partnerin in Rückenlage an einem Schwimmbrett ziehen.

Alle Spielformen in der Rückenlage können auch in Bauchlage gemacht werden.

2. Lösen von der Partnerhilfe

- Ziehen des Partners in Rückenlage und dann loslassen.
- Ziehen des Partners in Rückenlage mit gestreckten Armen, loslassen aber trotzdem rückwärts weitergehen und so den Partner ein kleines Stück im Sog weitergleiten lassen.
- Baumstammflössen
  Die Kinder stellen sich in zwei Reihen auf und bilden eine Gasse. Nun legt sich ein Kind am Gassenanfang auf den Bauch oder Rücken und wird von den anderen sanft durch die Gasse geschoben.
- Torpedospiel
  Dreiergruppe bilden. Zwei Kinder fassen einander an den Händen. Nun legt sich das dritte Kind auf die Arme der beiden und wird nach einigem Hin- und Herschwingen wie ein Torpedo in eine Richtung herausgeschleudert.

3. Vom Hangeln zum Gleiten

- Das Kind hangelt sich mit nur einer Hand am Beckenrand entlang und lässt sich zwischendurch ein Stück frei am Beckenrand entlanggleiten.
- Ein Kind hangelt an einem Seil oder an einer Absperrleine entlang und gleitet zwischendurch ein Stück allein am Seil entlang.

4. Aktives Gleiten

- Die Kinder stossen sich von der Treppe in der Bauchlage ab und gleiten soweit sie können.
- In Bauchlage von der Wand oder dem Beckenrand abstossen und frei gleiten lassen.
- Nach einem Kopfsprung in Bauchlage weitergleiten.
- Wer kann am weitesten gleiten? Wer gleitet mit einem Schwimmbrett am weitesten? Wer kann in der Rückenlage am weitesten gleiten?
- Gleitkarussell
  Karussell wie es schon beschrieben worden ist (Seite 38). Wenn das Karussell in Schwung gekommen ist, lassen die auf dem Wasser Liegenden los und gleiten allein weiter.

Lektionsgestaltung für Kinder

Ein auf Kinder angepasstes Training heisst, auf die Eigenarten und Bedürfnisse der Kinder einzugehen. Sie müssen quantitativ und qualitativ anders belastet werden als Jugendliche und Erwachsene. Beim Kindersport im Element Wasser sind folgende Punkte zu berücksichtigen:

Physische Komponente

- *Entwicklungsunterschiede*
  Kinder brauchen differenzierte Aufgaben, aus denen sie nach ihrem Können auswählen (innere Differenzierung des Unterrichtes).
- *Koordination bei Wasserspielen*
  Kinder sind im besten motorischen Lernalter.
- *Kondition*
  Durch die grosse Dichte des Wassers verbessert ein aktives Kind automatisch seine konditionellen Fähigkeiten.
- *Bewegungsdrang*
  Kinder können nicht über längere Zeit (etwa 5–15 Min. je nach Alter) konzentriert an einer bestimmten Bewegungsaufgabe üben. Deshalb ist es wichtig, dass die Lektion rhythmisiert wird. Es werden immer wieder bekannte Spielformen eingestreut, bei denen sie ihren Aktivitätsüberschuss wieder loswerden.

Psychische Komponente

- *Kinder suchen die Abwechslung*
  Die Übungen sollten wenn immer möglich wiederholt, variiert, ergänzt, erschwert und kombiniert werden. Das bringt einen grossen Lernerfolg.
- *Kinder haben viele Interessen*
  Neugier im Kinde wecken steht im Zentrum. Daher sollen die verschiedensten Wasserspiele erlebt werden. Im Weiteren muss nicht immer das schnellste Kind siegen. Glücksfaktoren oder taktische Massnahmen lassen auch schwächere zum Zuge kommen.
- *Kinder haben ihre eigene Sprache*
  Kinder leben zum Teil in einer eigenen Welt (emotionale Wahrnehmung). Daher ist es wichtig, dass Bewegungsaufgaben in klaren Bildern gestellt werden: „So flach wie ein Brett auf dem Wasser liegen." Die Lektion lässt sich auch in eine Bewegungsgeschichte „verpacken".

Psychosoziale Komponente

- *Rolle der Lehrperson*
  Die Kinder orientieren sich noch stark an der Lehrperson und beginnen mit den ersten Gruppenbildungen unter Gleichalterigen. Deshalb sollten Rituale und Organisationsformen einfach und gleichbleibend gestaltet werden.
- *Sozialformen*
  Die Kinder sollten animiert werden, ihren Partner oder ihre Partnerin immer wieder zu wechseln. Dies ist eine gute Basisfunktion für die Partnerhilfe.

Musterlektion „Gleiten erwerben“ (rhythmische Lektionsgliederung):

Wasseraktivitäten	Methodische Hinweise
In der Dusche Alle Kinder stehen oder sitzen im Kreis und sprechen oder singen: „Regen, Regen, Tröpfchen, es regnet auf mein Köpfchen ... und meinen Bauch (meine Haare, meine Füsse) wird nass.“	**Einstimmung** Gemeinsames Nass-Werden
Wasserlauf Kinder laufen durchs Wasser vom einen zum anderen Beckenrand und zurück (2–3-mal wiederholen).	Wassergewöhnung repetieren (nach der Lernmethode: vom Bekannten zum Neuen).
Anspritzen Kinder spritzen einander an.	Wasserkontakt mit dem Gesicht repetieren.
Untertauchen Kinder verstecken sich unter Wasser.	Kopf unter Wasser tauchen können.
Feuerwehrpumpe Kinder tauchen abwechslungsweise unter und atmen dabei aus.	Ausatmen unter Wasser.
Fangen mit Erlösen Fangende Kinder haben eine Badekappe an und versuchen alle anderen Kinder zu fangen. Wer gefangen wurde, muss mit gegrätschten Beinen stehen bleiben und kann erlöst werden, wenn ein anderes Kind zwischen den Beinen durchtaucht.	Auflockerung Dem Spiel- und Bewegungsdrang der Kinder entsprechendes Tauchspiel.
Flugzeug spielen Kinder fliegen während einiger Sekunden bauchwärts wie ein Flugzeug auf der Wasseroberfläche.	**Hauptteil** Kinder nehmen die flache Wasserlage ein.
Flugzeug startet und landet Ein Kind zieht ein anderes in Rückenlage durch das Wasser. Anschliessend Wechsel (Körperfassung genau beschreiben und vorzeigen!). Gleiche Übung in der Bauchlage.	Die Kinder sollen in partnerschaftlichem Handeln die dynamische Wasserlage erfühlen und unterschiedliche Widerstände feststellen.
Rakete startet und landet Gleiche Übung wie beim Flugzeug, nur mit gestreckten Armen. Anschliessend Wechsel. Gleiche Übung, jedoch hebt das gezogene Kinde den Kopf aus dem Wasser. Gleiche Übung, jedoch ist der Kopf im Wasser und die Beine gespreizt.	Kinder machen Gegensatzerfahrungen.
Fangspiel „Weisser Hai“ Ein Kind ist auf einer Seite und versucht als „Weisser Hai“ durch Berühren die anderen Kinder zu fangen. Wer gefangen worden ist, gehört zur Haigruppe.	Auflockerung (für bessere Konzentration)

Fortsetzung Musterlektion „Gleiten erwerben“:

Bremstechniken einer Rakete Von Partner gezogenes Kind spreizt plötzlich die Beine und Arme und bremst so. Partner zieht an den Oberarmen. Gezogenes Kind lässt sich im Grätschsitz und mit seitlich ausgebreiteten Armen ziehen.	Kinder erleben aktiv den Wasserwiderstand.
Schnellste Rakete Kinder versuchen so schnell wie möglich von einer Seite zur anderen zu gelangen (mit Lerngespräch: welche Technik ist die beste?). Mehrmals ausführen.	Optimale Wasserlage herausfinden und vergleichen können.
Tintenfischfangen Ein Kind wird zum Tintenfisch erklärt und versucht andere Kinder zu berühren. Wer gefangen wird, wird ein Teil vom Tintenfisch und muss am Ort stehen bleiben, darf aber andere Kinder fangen. Wer bleibt übrig?	Auflockerung
Hechtschiessen Der Hecht ist ein sehr schneller Fisch. Kinder versuchen wie ein Hecht zu schwimmen (Hechtschiessen). Kinder sitzen auf der Treppe und gleiten nach vorne. Der Körper ist ganz gestreckt und liegt flach auf dem Wasser! Gleiche Übung mit angehobenem Kopf. Gleiche Übung mit Kopf im Wasser und dabei ausatmen.	Kinder lernen das Gleiten (Hechtschiessen) kennen. Dabei machen sie Gegensatzerfahrungen.
Hechtschiessen vom Beckenrand Kinder tauchen zuerst unter Wasser und stossen sich dann mit den Beinen vom Beckenrand ab. Gleiche Übung mit gekreuzten Händen. Gleiche Übung mit aufgestellten Händen.	
Wettkampf Hechtschiessen Wer kommt am weitesten beim Hechtschiessen?	
Fangspiel Kinder dürfen ein Fangspiel auswählen.	Kinder sollen den Unterricht mitbestimmen und ein neues oder bekanntes Spiel wählen können.
Goofie Alle Teilnehmenden laufen mit geschlossenen Augen im Wasser umher. Treffen zwei aufeinander, fragen sie nach „Goofie“. Nur Goofie, der die Augen offen hält, ist stumm. Wer Goofie gefunden hat, gibt ihm die Hand, öffnet die Augen und geht mit Goofie unter.	**Ausklang** Beruhigung des Kreislaufes

Lektionsgestaltung für Jugendliche

Jugendliche stehen in einem Lebensabschnitt voller Umbrüche und steter Neuorientierung an ihrer Umwelt. Das Element „Wasser“ kann als ein spezielles Betätigungsfeld die Persönlichkeitsbildung beeinflussen. Wer schwimmen kann, hat sich quasi von der Beaufsichtigung durch die Erwachsenen „freigeschwommen“ und einen eigenständigen Bewegungsraum erobert. Es ist nun möglich, an Aktivitäten der Wasserspiele im tiefen Schwimmbecken, in Seen oder Flüssen teilzunehmen, ins „Tiefe“ zu springen, zu tauchen und sich mit verschiedenen Geräten zu bewegen.

Wasserspiele werden besonders attraktiv, wenn sie mit einem Abenteuer, mit Risiko und Spannung verbunden sind. Jugendliche lassen sich immer wieder faszienieren, wenn zwei gleich starke Gegner oder Mannschaften sich messen. Unternehmungen im Wasser lassen sich zu einem grossen Erlebnis steigern, wenn Situationen auftreten, die zuerst bewältigt werden müssen und diese Situationen mindestens ein subjektives Risiko darstellen. Zum Beispiel: das erste Mal im See schwimmen; mit Taucherbrille und Schnorchel tauchen; Unterwasserrugby spielen; eine Flossfahrt unternehmen.

Bei Wasseraktivitäten mit Jugendlichen sind folgende Punkte zusätzlich zu beachten:

- Vielfältige Bewegungserfahrungen machen
- Spass, Freude an der Bewegung im Wasser vermitteln
- Kreativität entwickeln
- Eigene Erfahrungen vor Fremdinformationen in die Lektion einfliessen lassen
- Priorität des selbstständigen Handelns beachten
- Spielerische Erfahrungen vor stupidem Technikübеn einstreuen
- Viele Bereiche des Wassersports aufzeigen: Schwimmen, Rettungsschwimmen, Wasserspringen, Synchronschwimmen, Aquafitness, Wassergymnastik, Freizeitschwimmen, Tauchen, Boots- und Flossfahrten.

In die Zeit der Entwicklung vom Kind zum Jugendlichen und zum erwachsenen Menschen fällt die Ablösung von den Eltern, das Zusammensein mit Gleichaltrigen und später der Aufbau einer Partnerschaft und einer Familie. Diese Entwicklung verläuft über mehrere Stufen. Die wichtigste davon ist die Pubertät, die den initialen körperlichen und geistigen Wandel umfasst. Auch für den Schwimmunterricht ist es daher wertvoll, sich über die wichtigsten Unterschiede zwischen den einzelnen Altersstufen klar zu sein (siehe nächste Seite).

Unterschiede zwischen den beiden Alterstufen

	Kindesalter Frühes Schulkind (6–9 Jahre) Spätes Schulkind (9–12 Jahre)	**Jugendalter** Pubertät (11–14 Jahre) Adoleszenz (13–18 Jahre)
Bewegungsdrang	Sehr ausgeprägt bis gross	Eher phlegmatisch bis differenziert, je nach Lebensumständen
Lernbereitschaft	Neugierig und natürliche Motivation	Brauchen entsprechend Motivation und differenzierte Unterstützung
Leistungsbereitschaft	Gut bis sehr gut	Eher gering (brauchen Unterstützung)
Motorische Lernfähigkeit	Lernen sehr gut, meistens durch Nachahmen der Bewegung	Abstraktionsvermögen nimmt zu, Bewegungsabläufe können immer schneller erworben werden.
Umgang mit Autoritätspersonen	Meist problemlos	Autoritäre Personen werden eher abgelehnt. Partnerschaftliche Führung wird immer stärker bevorzugt.
Konzentrationsfähigkeit	Von 15 Minuten bis längere Zeiten	Gut bis sehr gut auch über längere Zeiträume
Psychische und soziale Merkmale	Gutes psychisches Gleichgewicht, optimistische Lebenseinstellung, zum Teil risikofreudig. Suchen immer Gemeinschaft.	Auf der Suche nach der eigenen Identität, verunsichert und oft mangelndes Selbstwertgefühl. Soziale Integration und individuelle Persönlichkeitsbildung.

4 Wasserspiele für Nichtschwimmer und -schwimmerinnen

Spielerklärungen
Die Spielbeschreibungen in diesem Werk sind immer nach demselben Muster aufgebaut. Unter dem Spieltitel geben folgende Symbole einen Überblick über Charakter und Einsatzmöglichkeit des Spiels:

Druchführungsort:

Bach

Lehrschwimmbecken

Schwimmbecken/See

Fluss

Minimum Mitspielende

Kinder (6–11 Jahre)

Jugendliche (12–18 Jahre)

Mindestdauer

Material

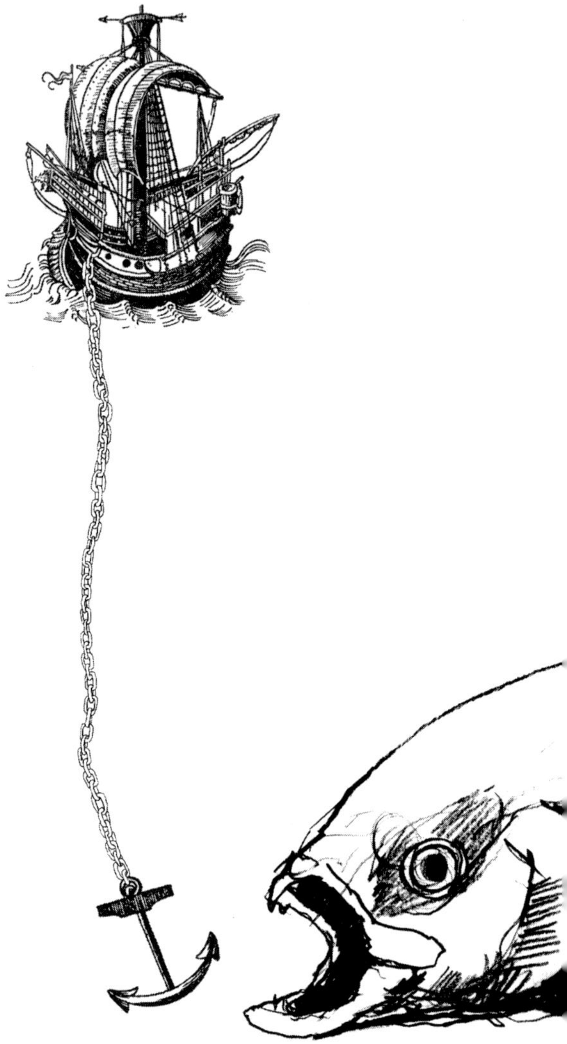

Lauf- und Fangspiele

Allen Fangspielen sind einige Grundregeln gemeinsam.

- Die fangende Person kann klar gekennzeichnet sein. Sie trägt beispielsweise einen Sonnenhut, ein Spielband oder hält einen bestimmten Gegenstand (Pullboy) in einer Hand. Es kann auch spannend sein, die fangende Person nicht klar zu kennzeichnen. Die Mitspielenden müssen dann immer aufmerksam verfolgen, wer Fängerin oder Fänger ist.
- War das Fangen erfolgreich, kann das Spiel folgende Wendungen nehmen.
  Die gefangene Person tauscht mit der Fangenden die Rolle, oder sie scheidet aus, oder sie muss aussetzen, bis sie erlöst ist bzw. eine Aufgabe erfüllt hat, oder sie erhält einen Strafpunkt. Wird das Spiel mit Gefangenenbefreiung durchgeführt, ist darauf zu achten, dass die Gefangenen nie zu lange stehen bleiben müssen, aber auch, dass die Aufgabe der Fangenden lösbar ist. Gefangene können lawinenartig zu Fangenden werden.

Kettenfangen

Durchführungsort | Minimum Mitspielende 10 | 10 Min.

Ein Fänger oder eine Fängerin beginnt zu fangen. Wer gefangen wird, fasst das fangende Kind bei der Hand. Nach und nach entsteht eine lange Kette. Bei dieser Kette dürfen nur die freien Hände fangen, also die beiden äusseren Kinder.

Variationen

- *Ab 6 oder 12 Personen darf sich die Kette teilen.*
- *Paarfangen: Wenn eine 4er-Kette entsteht, wird in 2 Paare geteilt. Wer bleibt am Schluss übrig?*
- *Zwei Fangende beginnen gleichzeitig mit Fangen. Wer fängt die meisten und bekommt so die längste Kette?*

Wer hat Angst vor dem „Weissen Hai"?

Durchführungsort | Minimum Mitspielende 8 | 10 Min.

Eine spielende Person steht als „Weisser Hai" auf der einen Seite des Schwimmbeckens, die anderen ihr gegenüber. Der Weisse Hai ruft: „Wer hat Angst vor'm Weissen Hai?" Alle antorten: „Niemand". Der Weisse Hai ruft: „Wenn er aber kommt?" Alle: „Dann schwimmen wir davon." Sofort versuchen alle am Hai vorbei auf die gegenüberliegende Seite zu gelangen. Wer gefangen wurde, hilft beim nächsten Mal dem Weissen Hai beim Fangen.

Variation

- *Weisser Hai im Nebel: Der Hai wird durch 2–4 Mitspielende, die mit Spritzen eine Nebelwand bilden, beim Fangen behindert.*

Fangen mit Erlösen

Durchführungsort | Minimum Mitspielende 10 | 5 Min.

Je nach Grösse der Gruppe versuchen ein, zwei oder drei Mitspielende, möglichst viele zu fangen. Wer gefangen wird, stellt sich mit gegrätschten Beinen an Ort und Stelle hin. Gefangene können von noch nicht gefangenen Spielenden erlöst werden, indem diese zwischen den Beinen des gefangenen hindurchtauchen.

Variation

- *Erlöst wird durch beidseitiges Händeschütteln oder durch eine andere Bewegungsaufgabe, falls die Kinder noch nicht tauchen können.*

Fischer, wie tief ist das Wasser?

Durchführungsort — Minimum Mitspielende: 8 — 10 Min.

Ein Kind steht als Fischer auf der einen Seite des Lehrschwimmbeckens, alle anderen stehen auf der gegenüberliegenden Seite. Alle rufen: „Fischer, Fischer, wie tief ist das Wasser?“ Der Fischer antwortet z. B. „1000 Meter tief.“ Alle fragen: „Wie kommt man da rüber?“ Der Fischer gibt eine Fortbewegungsart vor, wie „Auf einem Bein hüpfen!“ oder „Rückwärtslaufen“. Wer vom Fischer gefangen wurde, hilft im nächsten Durchlauf als Fischerin oder Fischer.

Variation

- *Die Fortbewegungsart kann jedes Mal variiert werden: laufen, hüpfen, schwimmen, tauchen, paddeln usw.*

Entenjagd

Durchführungsort — Minimum Mitspielende: 8 — 5 Min.

Wer den Kopf unter Wasser hält, kann nicht gefangen werden. Gefangene helfen beim Fangen.

Variationen

- *Wer im Handstand steht, kann nicht gefangen werden.*
- *Wer auf dem Boden sitzt, darf nicht gefangen werden.*

Frosch und Fisch

Durchführungsort — Minimum Mitspielende: 4 — 10 Min.

In der Mitte des Lehrschwimmbeckens stehen sich zwei Gruppen im Abstand von etwa 2 Metern gegenüber. Eine Gruppe nennt sich „Frösche“, die andere „Fisch“. Die Spielleitung erzählt eine Geschichte, in welcher ab und zu „Frosch“ oder „Fisch“ vorkommen. Wenn eines der beiden Worte genannt wird, muss die entsprechende Gruppe zum Beckenrand flüchten, die andere Gruppe versucht die Fliehenden durch eine Berührung zu fangen.

Variationen

- *Rechnungsaufgabe stellen; ist das Ergebnis eine gerade Zahl, so muss die Gruppe „Frosch“ flüchten; ist das Ergebnis eine ungerade Zahl, flüchtet die Gruppe „Fisch“.*
- *Aus unterschiedlichen Ausgangslagen starten (Rücken zu Rücken, sitzend, aus Einbeinstand usw.).*

Bär in der Höhle

Durchführungsort
Minimum Mitspielende 4
10 Min.

Ein Mitglied der Gruppe versteckt sich als „Bär in der Höhle" hinter einem Schwimmbrett auf der einen Seite des Beckens. Alle übrigen spielen freche Lachse auf der anderen Seite des Beckens. Sie rufen: „Bär in der Höhle, schläfst du noch?" Der Bär antwortet: „Ich schlafe noch!" Nun dürfen sich die Lachse der Höhle nähern. Sie vergewissern sich immer wieder, ob der Bär noch schläft. Plötzlich antwortet der Bär: „Jetzt schlafe ich nicht mehr!", schiesst aus seiner Höhle und versucht, möglichst viele schwimmende „Lachse" zu fangen. Wer gefangen ist, wird auch zum Bär und hilft in der nächsten Runde beim Fangen. Sind alle Lachse gefangen, ist die Jagd zu Ende.

Das Meer ruft die Fische

Durchführungsort
Minimum Mitspielende 6
10 Min.

Jedes Kind darf sich aussuchen, welche Art von Fisch es sein möchte. Nun sammeln sich in einer Ecke des Lehrschwimmbeckens die Haie, in einer anderen die Goldfische, in der dritten die Schollen und die Plattfische in der vierten Ecke. Die Spielleitung bleibt in der Mitte und spielt das Meer. Nun ruft das Meer die Fische zu sich. Alle Fische schwimmen im Lehrschwimmbecken zum „Meer". Die Fische befolgen, was das Meer vorgibt. Das Meer ist anfangs ruhig, alle Fische legen sich ruhig auf das Wasser. Dann kommt ein Wind auf, die Wellen werden grösser. Es kann sich bis zum Orkan oder zur Springflut steigern. Die Fische schwimmen wild umher. Plötzlich ruft das Meer „Ebbe". Alle Fische müssen wieder in ihre Ecken zurück, sonst werden sie gefangen. Gefangene Fische helfen dem Meer in der nächsten Runde beim Fangen.

Hai und Hering

Durchführungsort
Minimum Mitspielende 6
10 Min.

Je nach Grösse der Gruppe werden ein, zwei oder drei Haie (fangende Personen) bestimmt. Die Haie versuchen, im ganzen Lehrschwimmbecken die Heringe zu fangen. Die Heringe jedoch können sich vor dem Hai schützen, in dem sie sich in einer Felsspalte verstecken. Das heisst, 2 Kinder müssen sich die Hand geben und ein drittes Kind dabei in ihren Armen einschliessen. Wer gefangen ist, muss eine Zusatzaufgabe lösen. Wie viele Heringe vermögen die Haie in 2 Minuten zu fangen?

Antivirusspiel

Durchführungsort

Minimum Mitspielende 6

10 Min.

Wer gefangen wird, bleibt an Ort und Stelle stehen und hält beide Arme gestreckt über den Kopf. Das gefangene Kind kann erlöst werden, wenn zwei Mitspielende einander um das gefangene Kind die Hände geben und dabei sagen „Antivirus“.

Taufangen

Durchführungsort

Minimum Mitspielende 10

10 Min.

Zwei Spielende halten je das Ende eines Taus (5–8 Meter lang). Die beiden waten mit dem gestreckten Tau umher und versuchen, andere Mitspielende mit dem Tau einzuschliessen und so zu fangen. Wer vom Tau berührt worden ist, muss sich am Tau festhalten und mithelfen, die anderen zu fangen.

1 Tau

Krokodil mit goldenem Schwanz

Durchführungsort

Minimum Mitspielende 10

10 Min.

Jemand spielt das Krokodil mit einem goldenen Schwanz (2 Springseile zusammenknoten und in das Badekleid stecken). Die anderen sind Abenteurer, welche den goldenen Schwanz des Krokodils abschneiden wollen (Seil aus der Badehose ziehen). Danach sind alle ausgeschiedenen Personen wieder erlöst. Das Krokodil ist jedoch wild und wehrt sich tapfer. Wer vom Krokodil berührt wird, bevor der Schwanz abgerissen ist, scheidet aus.

2 Springseile

Ballspiele

Wettwanderball

Durchführungsort · Minimum Mitspielende 12 · 10 Min.

Die Teilnehmenden stellen sich im Kreis auf, von Frau zu Mann etwa in zwei Metern Distanz. Zwei Bälle werden von einer Person zur anderen um die Wette weitergeworfen, wobei jeweils der direkte Nachbar übergangen wird. Mit dem Ballwerfen starten zwei sich genau gegenüberliegende Spielende. Welcher Ball holt den anderen ein?

Variation

- *Richtungswechsel auf ein Signalzeichen.*

2 Wasserbälle

Parteiball

Durchführungsort · Minimum Mitspielende 8 · 10 Min.

Zwei gleich starke Gruppen, die durch unterschiedliche Badekappen gekennzeichnet sind, versuchen, einen Ball durch Zuspielen und Fangen möglichst lange in den eigenen Reihen zu halten. Gelingt dies bis zu 10 Zuspielen, ohne dass die gegnerische Mannschaft den Ball erobert hat, erhält die zuspielende Mannschaft einen Punkt. Nun kann die gegnerische Mannschaft versuchen, während zehn Zuspielen den Ball nicht zu verlieren. Kommt die gegnerische Mannschaft vorher in Ballbesitz, so kann sie sofort versuchen, zehn Pässe hintereinander zu spielen und damit einen Punkt zu holen.

1 Ball, Badekappen für eine Gruppe

Froschball (analog Tigerball)

Durchführungsort — Minimum Mitspielende 5 — 10 Min.

Die Mitspielenden stehen im Kreis und werfen sich den Ball zu. Jemand steht als Frosch in der Kreismitte und versucht, dieses Zuspiel zu unterbinden und den Ball abzufangen. Gelingt es dem Frosch, den Ball zu fangen oder zu berühren, so muss jene Person, die das Zuspiel gab, als neuer Frosch in die Kreismitte

Variation

- *Die Frösche werden auf 2 bis 4 erhöht.*
- *Es spielen zwei Kreise gegeneinander. Der Frosch kommt aus dem anderen Kreis und wird bei Balleroberung von jemandem aus der eigenen Gruppe abgelöst. Gewonnen hat die Mannschaft, welche zuerst alle Spielenden einmal als Frosch im gegnerischen Kreis hatte.*

1 Ball pro 5er-Gruppe

Schnurball

Durchführungsort — Minimum Mitspielende 10 — 10 Min.

In der Mitte des Lehrschwimmbeckens wird etwa 50–100 cm über der Wasseroberfläche ein Seil (oder Vogelband) gespannt. Gespielt wird mit einem Softball. Jede Mannschaft versucht den Ball über die Schnur auf die andere Seite des Beckens zu werfen. Dabei darf der Ball die Schnur nicht berühren oder ausserhalb des Beckens landen, denn das ergibt einen Strafpunkt für die ballwerfende Mannschaft. Landet der Ball auf der Wasseroberfläche im gegnerischen Feld, so erhält die werfende Mannschaft einen Punkt.

Variation

- *Es wird mit 2 oder 3 Bällen gleichzeitig gespielt.*

1–3 Softbälle, 1 Leine (Vogelband)

Ball treiben

Durchführungsort — Minimum Mitspielende 8 — 5 Min.

Die Kinder werden in 2 Gruppen aufgeteilt. Beide Gruppen versuchen einen Ball auf die andere Seite zu treiben, ohne den Ball direkt zu berühren. Die Kinder können Wasser auf den Ball spritzen, Wasserwellen verursachen oder Wind erzeugen. Wer den Ball berührt, scheidet für diese Runde aus.

Variation

- *Der Ball darf nur mit dem Fuss berührt werden, so entsteht ein Wasserfussball. Die Tore bilden wieder die Beckenränder.*

1 Ball

Burgball

Durchführungsort Minimum Mitspielende 8 10 Min.

Zwei Mannschaften stellen mit 8 Schwimmbrettern je 4 Zinnen auf (2 Bretter an die Oberkante gestellt). Jede Mannschaft versucht, die gegnerische Burg (4 Zinnen) zu zerstören, indem sie den Ball gegen die Schwimmbretter werfen. Welche Burg ist zuerst vollständig zerstört?

1 Ball, 16 Schwimmbretter, Badekappen für 1 Mannschaft

Aquaball

Durchführungsort Minimum Mitspielende 8 10 Min.

Aquaball wird im brusttiefen Wasser gespielt, alle sollen noch stehen können. Es ist ein „körperloses" Spiel. Das Berühren von gegnerischen Spielenden ist verboten. Die Teilnehmenden werden mit unterschiedlichen Badekappen in zwei Gruppen aufgeteilt. Die Mannschaft spielt sich den Ball zu. Wer den Ball in den Händen hält, darf sich nicht fortbewegen. Die Mannschaften müssen einander den Ball abjagen und nach Zuspielen auf den Beckenrand der gegnerischen Seite legen (nicht werfen). Gelingt das, so erhält die Mannschaft einen Punkt.

Aquaball mit Regeln:
Es werden zwei Gruppen mit je 4 Mitspielenden gebildet. Folgende Spielregeln müssen beachtet werden:

- Es gibt keinen festen Torwart, doch darf nur eine Person im Tor stehen.
- Die Spielzeit beträgt 2 x 7 Minuten.
- Wer in Ballbesitz ist muss stehen bleiben und den Ball weiterspielen.
- Der Ball darf nie unter Wasser gedrückt werden.
- 3 Pass-Regel:
  - Der Ball muss mindestens 3-mal innerhalb des Teams gepasst werden, erst dann darf der Ball ins Tor (Beckenrand) gelegt werden. Dies wird von einem Spielleitenden mitgezählt (Daumen – Zeigefinger – Mittelfinger).
  - Wird der Ball ins „Aus" gespielt, so erhält die gegnerische Mannschaft den Ball und die „3 Pass-Regel" beginnt von neuem.
  - Wird ein Pass durch einen gegnerischen Mitspielenden abgelenkt, aber der Ball trotzdem von der „passenden" Mannschaft über Wasser gefangen, so zählt dieser Pass.
- Wird der Ball ins Seiten- oder Toraus gespielt, erfolgt ein „Seiteneinwurf" der gegnerischen Manschaft.
- Nach einem Torerfolgt muss die Mannschaft, die das Tor erhielt, mit einem Torabwurf beginnen.
- Endet das Spiel unentschieden wird so lange verlängert, bis das erste Tor fällt

1 Ball, Badekappen für 1 Gruppe, eventuell 2 Tore

Fischer und fliegende Fische

Durchführungsort | Minimum Mitspielende 8 | 10 Min.

Es werden zwei Mannschaften gebildet. Eine Mannschaft, die Fischer, versucht die Fische in der gegnerischen Mannschaft mit einem Softball zu treffen. Die Fische können sich jedoch vor dem Treffer schützen, indem sie unter Wasser tauchen (in die Höhle gehen). Wie viele Fische werden innerhalb von drei Minuten von den Fischern getroffen? Anschliessend werden die Rollen gewechselt.

Variation

- *Alle getroffenen Fische scheiden aus. Wie lange brauchen die Fischer, bis sie alle Fische getroffen haben?*

1 Softball, Spielbänder für 1 Gruppe

Wasservolleyball (mit Luftballon)

Durchführungsort | Minimum Mitspielende 6 | 5 Min.

In der Mitte des Lehrschwimmbeckens wird zwischen 50 bis 100 cm über der Wasseroberfläche eine Leine gespannt. Die Kinder werden in zwei Mannschaften geteilt. Nun versuchen sie den Luftballon über die Leine zu spielen. Berührt er auf der gegnerischen Seite das Wasser, erhält die Mannschaft einen Punkt.

Variation

- *Mehrere Luftballone gleichzeitig spielen.*

1 aufblasbarer Wasserball
1 Leine (Vogelband)

Feld leeren

Durchführungsort | Minimum Mitspielende 10 | 10 Min.

Die Kinder werden in zwei Gruppen aufgeteilt. Beim Start hat jede Gruppe gleich viele Bälle. Die Kinder werfen möglichst alle Bälle über eine Leine aus der eigenen in die gegnerische Hälfte. Die Bälle dürfen nicht ausserhalb des Schwimmbeckens landen. Nach einer bestimmten Zeit wird das Spiel abgebrochen und die Anzahl Bälle in jeder Spielhälfte gezählt. Gewonnen hat die Mannschaft, welche weniger Bälle im Feld hat.

Variation

- *Die Bälle müssen mit einem Schwimmbrett auf die andere Spielhälfte gespielt werden.*

6 Bälle mehr als Teilnehmende
1 Leine (Vogelband)

Staffelspiele

Eilstaffel

Durchführungsort | Minimum Mitspielende 12 | 10 Min.

Es werden mehrere Mannschaften gebildet, die sich auf einer Seite des Lehrschwimmbeckens aufstellen. Nun wird in Staffelform zu einem Umkehrpunkt (z. B. der gegenüberliegende Beckenrand) gewatet. Gewonnen hat die Mannschaft, bei der zuerst alle Mitglieder die Strecke absolviert haben.

Variationen

- *Vorwärts, rückwärts oder seitwärts waten.*
- *Wie Frösche durchs Wasser hüpfen.*
- *Mit den „Händen hoch" durch das Lehrschwimmbecken eilen.*

Tragestaffel

Durchführungsort | Minimum Mitspielende 12 | 10 Min.

Es werden mehrere Gruppen gebildet, die sich auf der einen Seite des Lehrschwimmbeckens aufstellen. Nun trägt ein erstes Gruppenmitglied das zweite durch das Wasser zur gegenüberliegenden Seite. Wer getragen wurde, eilt durch das Wasser zurück und trägt das nächste Gruppenmitglied usw. bis alle am gegenüberliegenden Beckenrand angekommen sind.

Variationen

- *Partner schieben einander über die bestimmte Strecke.*
- *Sie ziehen einander über die bestimmte Strecke.*

Hindernisstaffel

Durchführungsort | Minimum Mitspielende 12 | 10 Min.

Es werden parallel 2–3 analoge Hindernisbahnen aufgestellt (z. B. Reifen auf den Boden, Leine unter Wasser spannen, Zielwurf usw.). Es werden entsprechend viele Gruppen gebildet. Nun geht das erste Gruppenmitglied jeder Mannschaft über den Parcours. Anschliessend das zweite Kind usw. Von welcher Gruppe haben zuerst alle die Hindernisbahn bewältigt?

Material für Hindernisse (Leinen, Reifen, Wurfgegenstände usw.)

Hüpfschlange

Durchführungsort | Minimum Mitspielende 10 | 10 Min.

Es werden Mannschaften mit je 5–12 Mitspielenden gebildet. Die Mitglieder jeder Mannschaft stellen sich hintereinander. Nun legt jede Person die linke Hand auf die Schulter der vorderen Person und hält mit der rechten Hand deren Fuss fest. In dieser Aufstellung hüpfen die Mannschaften über eine festgelegte Strecke, beispielsweise eine Querbahn.

Nummernwettlauf

Durchführungsort — Minimum Mitspielende 12 — 10 Min.

Die Teilnehmenden stellen sich in einem Kreis auf. Jetzt nummerieren sie bei eins beginnend so durch, dass jede Zahl zwischen 1 und der höchsten Zahl, z. B. 4, drei- oder viermal vorkommt. Bei 12 Kindern dreimal von 1–4 zählen. Wenn die Spielleitung nun eine Nummer aufruft, müssen die entsprechenden Kinder einmal um den Kreis herumschwimmen, laufen, hüpfen usw. und so rasch als möglich wieder an ihrem Platz zurück sein. Das siegende Kind bringt der Gruppe einen Punkt.

Transportstaffel

Durchführungsort — Minimum Mitspielende 10 — 10 Min.

Es werden mehrere Mannschaften gebildet. Je die Hälfte der Gruppe stellt sich auf jeder Seite des Lehrschwimmbeckens auf. Die erste Person bringt nun einen Gegenstand auf die gegenüberliegende Seite. Sobald sie dort ist, wird der Gegenstand der nächsten weitergeben, die ihn wieder zurückträgt (nach Laufstaffel-Regel). Welche Mannschaft hat alles Material zuerst einmal hin- und hertransportiert?

Verschiedene Gegenstände

Kleiderstaffel

Durchführungsort — Minimum Mitspielende 12 — 15 Min.

Bei diesem Staffellauf muss zunächst die erste Person einer Mannschaft z. B. ein T-Shirt, eine Bademütze und Flossen anziehen. Anschliessend watet oder schwimmt sie möglichst rasch zu einem Umkehrpunkt und zurück. Nun übergibt sie die „Kleider" der nächsten Person. Gewonnen hat die Mannschaft, bei der alle Mitspielenden in der verlangten Verkleidung die Strecke als erste zurückgelegt haben.

Verschiedene, grosse Kleidungsstücke

Eiertransport

Durchführungsort | Minimum Mitspielende 12 | 10 Min.

Jedes Kind erhält einen Löffel, auf dem ein Tischtennisball liegt. Wer kann eine Querbahn durch das Lehrschwimmbecken am schnellsten durchqueren, ohne dass der Ball herunterfällt?

Variationen

- *Schwimmend den Löffel transportieren.*
- *In Staffelform mit zusätzlichen Hindernissen absolvieren.*

Pro Gruppe:
1 Suppenlöffel, 1 Tennisball

Lastenträgerstaffel

Durchführungsort | Minimum Mitspielende 12 | 10 Min.

In einem Staffellauf wird ein Tauchring auf den Kopf gelegt und hin- und hertransportiert, wobei die Hände den Ring nicht festhalten dürfen.

Variation

- *Einen Luftballon zwischen den Beinen eingeklemmt transportieren.*

Pro Gruppe:
1 Tauchring, evtl. 1 Luftballon

Begegnungsstaffel

Durchführungsort | Minimum Mitspielende 12 | 10 Min.

Es werden Mannschaften gebildet. Je die Hälfte einer Mannschaft stellt sich am einen, die andere am gegenüberliegenden Beckenrand auf. Von jeder Seite startet ein Teammitglied gleichzeitig. Sobald sie sich unterwegs berühren, drehen sie um und eilen wieder zurück. Wenn sie an der Wand anschlagen, darf die nächste Person starten.

Spiele zur Kommunikation und Integration

Atomspiel

Durchführungsort | Minimum Mitspielende 8 | 10 Min.

Alle Kinder bewegen sich als Atome im Rhythmus einer Musik im Lehrschwimmbecken. Wenn die Musik aussetzt, gibt die Spielleitung mit dem Aufstrecken einer gewissen Anzahl Finger bekannt, wie viele Atome sich zu einer Molekül-Gruppe zusammenfinden sollen. Diese Moleküle bekommen nun Aufgaben, die unterschiedliche Themen haben können.

Kommunikation: miteinander ein Thema besprechen, zu einem bestimmten Thema einander interviewen usw.
Bewegungsaufgaben: sich als Gruppe gemeinsam im Becken bewegen, ein Tier nachahmen, am kleinsten/grössten machen, einen Turm bauen usw.

Musikgerät und CD/Kassette

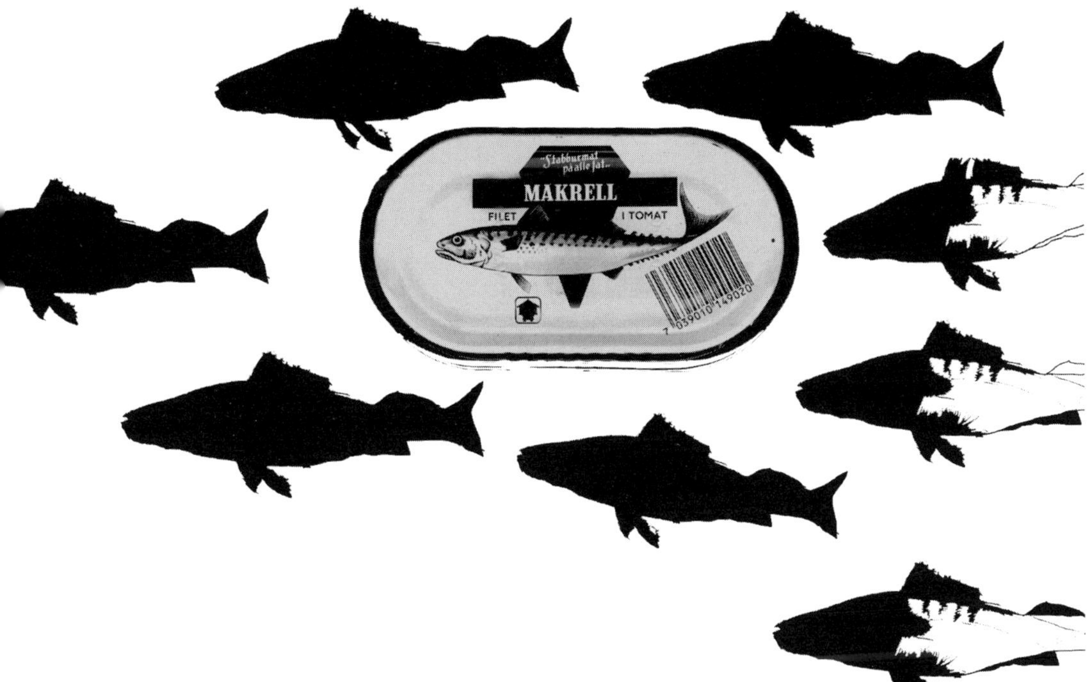

Namenspiel

Durchführungsort — Minimum Mitspielende: 10 — 10 Min.

Alle Kinder stehen im Kreis und werfen sich den Ball zu. Wer den Ball wirft, muss vor jedem Wurf den Namen der Fängerin oder des Fängers nennen.

Variation

- *Vor jedem Fang muss die fangende Person einmal in die Hände klatschen.*

1 Ball

Pantomime

Durchführungsort — Minimum Mitspielende: 10 — 10 Min.

Zu Beginn wird eine Person ausgewählt, die eine Pantomine ausdenken soll, z. B. eine Sportart, einen Beruf oder eine Alltagstätigkeit vormachen. Währenddessen waten alle anderen zum gegenüberliegenden Beckenrand und zurück. Wenn die letzte Person angekommen ist, hat die ausgewählte Persone ihre Aufgabe pantomimisch darzustellen. Wer zuerst die Lösung herausfindet, wird die nächste schauspielende Person. Alle anderen eilen wieder hin und zurück.

Schattenlauf

Durchführungsort — Minimum Mitspielende: 2 — 10 Min.

Jedes Kind sucht sich eine Partnerin oder einen Partner. Die beiden bewegen sich durch das Lehrschwimmbecken. Das eine Kind macht möglichst viele unterschiedliche Fortbewegungsarten vor, das andere folgt wie ein Schatten und macht alles nach. Nach zwei bis drei Minuten wird die Führungsrolle gewechselt.

Partner hilf!

Durchführungsort — Minimum Mitspielende: 6 — 15 Min.

Eine Fängerin oder ein Fänger versucht, andere zu fangen. Kommt jemand in Gefahr, gefangen zu werden, darf er oder sie rufen: „Partner hilf!“ Kann ein anderes Kind nun seine Hand fassen bevor die Fängerin oder der Fänger sie berührt, bleiben beide frei. Wer gefangen wird, wird neu Fängerin oder Fänger.

Virusspiel

Durchführungsort | Minimum Mitspielende 8 | 10 Min.

Die Fängerin oder der Fänger verkörpert den Virus. Jeder, der vom Virus berührt wird, ist infiziert, legt sich auf die Wasseroberfläche und darf sich nicht mehr wegbewegen. Er kann erlöst werden, indem ihn „zwei Gesunde“ bei den Händen und Füssen fassen und in das Krankenhaus (z. B. zur Treppe im Lehrschwimmbecken) schleppen. Während des Krankentransports darf der Virus nicht zuschlagen.

Ballbesitzer-Tabu

Durchführungsort | Minimum Mitspielende 10 | 10 Min.

Eine Fängerin versucht, die anderen durch Berührung zu fangen. Kommt eine Person in Gefahr, gefangen zu werden, darf ihr ein Ball zugeworfen werden. Wer den Ball in den Händen hält, ist geschützt. Wer gefangen wird, wird zur neuen Fängerin oder zum neuen Fänger.

2–3 Bälle, Badekappen für Fänger

Baumstammflössen

Durchführungsort | Minimum Mitspielende 12 | 10 Min.

Die Teilnehmenden stellen sich in Gassenform auf. Nun legt sich eine Person am Gassenanfang auf das Wasser und wird von den anderen durch diese Gasse geschoben.

ABC-Fangen

Durchführungsort | Minimum Mitspielende 12 | 10 Min.

Die Kinder bewegen sich in Dreiergruppen im Lehrschwimmbecken. Die drei Mitglieder einer Gruppe gehen nahe nebeneinander. Jede der drei Personen bekommt einen Buchstaben zugewiesen: A, B oder C. Wenn die Spielleitung nun A ruft, läuft A weg, B und C müssen sich zuerst an den Händen fassen und als Paar A wieder einfangen. Anschliessend gehen alle drei wieder nebeneinander her, bis z. B. C aufgerufen wird und vom Paar A und B wieder eingefangen werden muss.

Eiszapfen

Durchführungsort Minimum Mitspielende 12 10 Min.

Ein bis drei fangende Kinder verkörpern den Winter. Wer von ihnen berührt wird, erstarrt zum Eiszapfen. Diese können wieder erlöst bzw. aufgetaut werden, wenn zwei noch nicht gefangene Kinder den Eiszapfen gleichzeitig umarmen.

Fisch übern Tisch

Durchführungsort Minimum Mitspielende 12 15 Min.

Alle stellen sich in Gassenform eng beieinander auf und fassen das gegenüberstehende Kind an den Händen. Die Arme bilden gleichsam den Tisch. Nun legt sich ein Kind am Anfang dieser Gasse auf die Arme und wird mit leichten Auf- und Abbewegungen über diesen „Tisch" zur anderen Seite transportiert.

Reiterball

Durchführungsort Minimum Mitspielende 12 10 Min.

Die Mitspielenden sind in zwei gleich grosse Mannschaften aufgeteilt. In jeder Mannschaft bilden sich 2er-Teams. Eine Person setzt sich auf die Schultern der Partnerin oder des Partners. Nun wird mit einem Ball auf Körbe oder Tore gespielt. Körperkontakte mit Spielenden des Gegners sind verboten. Tore kann nur die aufsitzende Person erzielen.

1 Ball

Vertrauenskreis

Durchführungsort Minimum Mitspielende 7 10 Min.

Vier bis sechs Kinder stehen eng beieinander im Kreis. Ein Kind geht in die Mitte, macht sich ganz steif (Körperspannung) und lässt sich so auf die Kreisspielenden zufallen. Diese fangen es auf und schieben es zurück in eine aufrechte Position, aus der es sich wieder in irgendeine Richtung fallen lässt.

Kraft- und Koordinationsspiele

Ziehkämpfe

Durchführungsort | Minimum Mitspielende 2 | 5 Min.

Zwei Teilnehmende stellen sich einander gegenüber auf und geben sich die rechte Hand. Wer vermag die andere Person zuerst auf seine Seite zu ziehen.

Partner verdrängen

Durchführungsort — Minimum Mitspielende 2 — 5 Min.

Zwei Personen stehen einander in einem Abstand von 1 m frontal gegenüber. Sie heben ihre Hände auf Schulterhöhe. Nun versuchen sie, sich mit Drücken (ohne Halten und Ziehen) gegenseitig aus dem Gleichgewicht zu bringen.

Gruppenziehkampf

Durchführungsort — Minimum Mitspielende 10 — 5 Min.

Zwei Gruppen stellen sich frontal in zwei Reihen auf. Nun fasst jede und jeder im Reissverschlussverfahren die rechts vor ihr oder vor ihm stehende Person mit der rechten Hand und die links Stehende mit der linken Hand. Welche Gruppe kann die andere über eine festgelegte Linie ziehen?

Hecht und Karpfen

Durchführungsort — Minimum Mitspielende 4 — 5 Min.

Die Mitglieder einer Mannschaft stellen sich hintereinander. Jeweils die vordere Person wird an den Hüften gehalten. Die vorderste Person der Gruppe spielt den Hecht. Die zweite wird zum Karpfen und versucht die hinter ihr stehenden Jungen durch „Flossen-(= Arme) ausbreiten“ zu schützen. Der Hecht hat nun die Aufgabe, das letzte Junge der Reihe abzuschlagen. Gelingt dies, so wird der Hecht zum Karpfen, das letzte Junge wird zum neuen Hecht.

Delfinreiten

Durchführungsort — Minimum Mitspielende 8 — 5 Min.

Je eine mitspielende Person nimmt eine andere als Reiter im Lehrschwimmbecken auf den Rücken. Nun kämpfen die Paare Delfin mit Reitenden gegeneinander. Gewonnen hat das Paar, bei dem die reitende Person sich am längsten auf den Schultern seines Delfins gehalten hat.

Achtung: Bei diesem Spiel muss auf einen ausreichenden Abstand zum Beckenrand geachtet werden!

Schwimmbrettreiten

Durchführungsort | Minimum Mitspielende 12 | 15 Min.

Alle Mitglieder zweier Mannschaften setzen sich mittlings je an den gegenüberliegenden Längsseiten des Schwimmbeckens auf Schwimmbretter. Auf los versuchen sie, möglichst schnell an die gegenüberliegende Seite zu gelangen. Dabei dürfen sie unterwegs die entgegenkommenden „Gegner" vom Brett stossen. Welche Mannschaft kommt mit den meisten „Reitern" auf ihrem Schwimmbrettern reitend am gegenüberliegenden Beckenrand an?

Variation

- *Zwei Schwimmbretter bilden das Pferd, was zu einer labileren Unterlage führt.*

1 Schwimmbrett pro Person

Seeschlangenkampf

Durchführungsort | Minimum Mitspielende 10 | 10 Min.

Mehrere Gruppen von je 4–6 Mitspielenden bilden eine Seeschlange und versuchen andere Seeschlangen kampfunfähig zu machen. Die Gruppe (Seeschlange) geht in einer Reihe hintereinander, wobei mindestens eine Hand auf die Schulter der vorderen Person gelegt wird. Berührt nun der Kopf (erste Person in der Gruppe) den Schwanz (letzte Person der Reihe) einer anderen Schlange, so scheidet die letzte Person der Gruppe aus. Eine Schlange ist kampfunfähig, wenn sie nur noch aus zwei Mitgliedern besteht.

Lanzenkampf

Durchführungsort | Minimum Mitspielende 6 | 15 Min.

Zwei Rettungsstangen oder Plastikstangen werden an einem Ende gut gepolstert. Es kämpfen immer zwei Zweierteams gegeneinander. Ein Teammitglied liegt auf einer aufgepumpten Luftmatratze und steuert mit Beinschlag. Vor ihr auf der Matratze kniet die andere Person mit der Lanze. Nun versucht diese, den entgegenkommenden Lanzenträger von der Matratze zu stossen.

Variation

- *Lanzenträgerinnen sitzen seitlings auf einem Schwimmbrett. Sie werden jeweils von der zweiten Person des Teams gestossen.*

2 gepolsterte Rettungsstangen
2 Luftmatratzen oder Schwimminseln

Schatzwächter und Seeräuber

Durchführungsort — Minimum Mitspielende 12 — 10 Min.

Im Becken sind verschiedene Tauchgegenstände verteilt. Gruppe A ist Schatzwächter und versucht, diese „Schätze" zu verteidigen. Gruppe B verteilt sich als Räuber auf dem Beckenrand, um diese Schätze zu erobern und an Land zu bringen. Wird ein Räuber abgefangen, muss er den Schatz fallen lassen, zurück an den Beckenrand und neu beginnen.

Verschiedene Tauchgegenstände (Teller, Ringe, Steine, usw.)

Hechte brechen aus

Durchführungsort — Minimum Mitspielende 12 — 5 Min.

Die Hälfte der Mitspielenden bilden als Innenfrontkreis ein Fangnetz. In diesem Kreis sind die anderen als Hechte eingesperrt. Die Hechte versuchen nun, über oder unter Wasser aus dem Fangnetz zu entweichen.

Variationen

- *Wie viele Hechte sind nach drei Minuten ausgebrochen?*
- *Hechte dürfen nur unter Wasser entweichen.*

Luftmatratzentransport

Durchführungsort — Minimum Mitspielende 10 — 5 Min.

Es werden je nach Anzahl vorhandener Luftmatratzen Mannschaften mit 3–8 Personen gebildet. Die Mannschaften verteilen sich auf zwei oder vier Seiten des Beckens. Nun muss jede Mannschaft versuchen, die eigene Luftmatratze trocken auf die andere Seite zu transportieren. Jedes Gruppenmitglieder muss die Matratze dauernd berühren sonst muss die Mannschaft zurück zur Ausgangsseite. Jede Mannschaft versucht, die Luftmatratze der anderen Mannschaft ins Wasser zu ziehen; jedoch müssen immer die Bestimmungen (alle Teilnehmenden berühren die Matratze) eingehalten werden.

Variation

- *Je eine Luftmatratze pro Mannschaft liegt in der Mitte des Beckens bereit. Jede Gruppe muss nun auf die eigene Luftmatratze klettern. Die Gruppe, die dies zuerst geschafft hat, hat gewonnen.*

Mindestens 2 Luftmatratzen

Abenteuerspiele

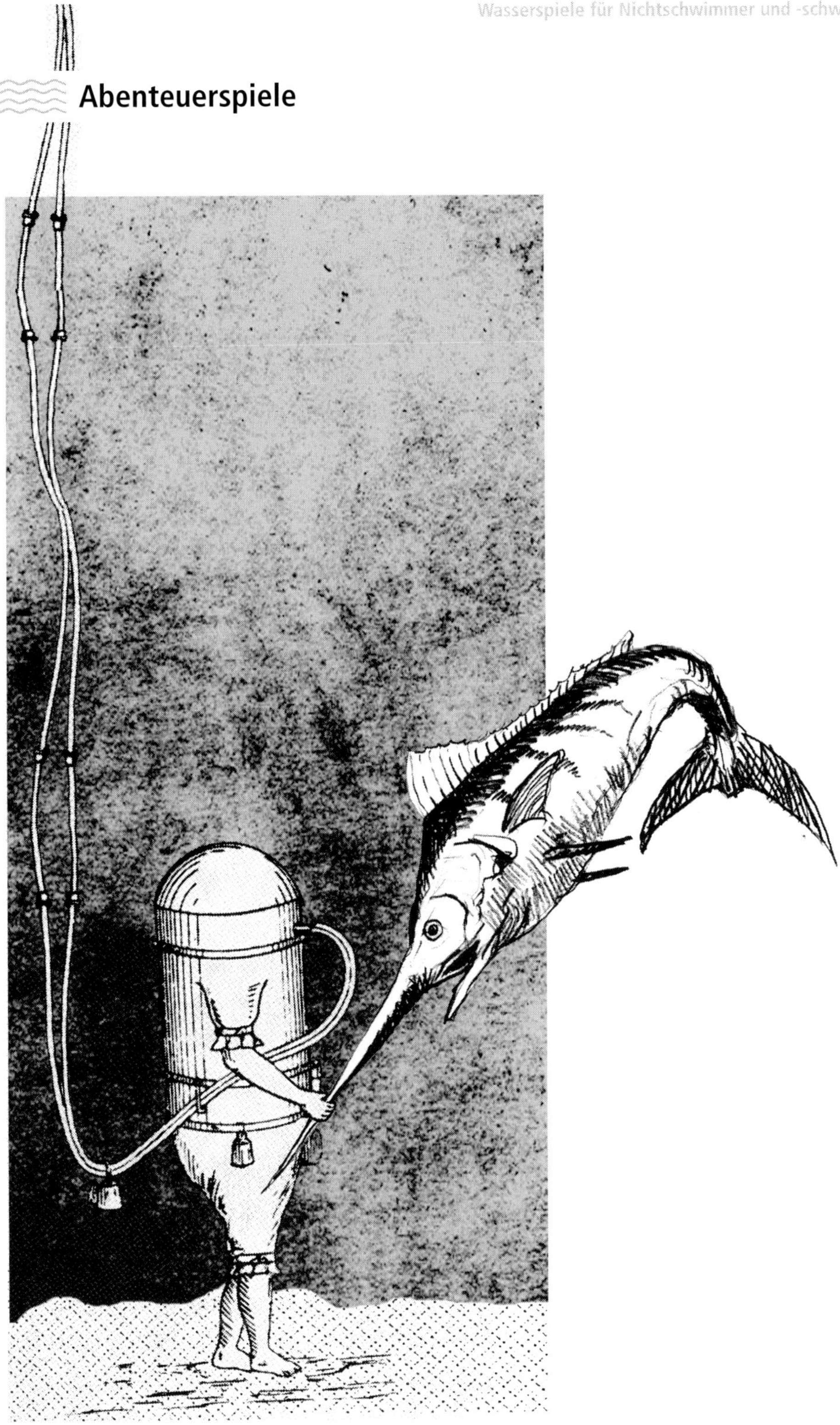

Abenteuerliche Seereise

Durchführungsort | Minimum Mitspielende 8 | 15 Min.

1. Phase: Als Einstieg in dieses Abenteuerspiel wird eine Geschichte erzählt:
Alle Mitspielenden sind auf einer einsamen Insel gestrandet. Nun versuchen sie, aus allen Materialien, die sie finden, ein Schiff zu bauen, damit sie von der Insel wieder wegfahren können. Es stehen unterschiedliche Materialien zur Verfügung: zum Beispiel Luftmatratzen, Pullboys, Stangen, Schwimmbretter, Schwimmsprossen usw.

Wenn nach der Fantasie der Kinder ein Schiff gebaut worden ist, beginnt die *2.Phase:*. Das Schiff sticht in See und fährt auf dem Wasser des Lehrschwimmbeckens. Alle begleiten das Schiff, indem sie auf dem Schiff sitzen oder es schieben. Plötzlich kommt ein Sturm auf! Die Leiterin oder der Leiter schildert, dass das Schiff ganz wild schaukelt, die Wellen immer höher werden, sodass eine Weiterfahrt zu gefährlich wäre. Daher muss eine neue Insel angesteuert werden.

3. Phase: Am Ufer der Insel (anderer Beckenrand) wird gelandet. Es werden Kundschafter ausgeschickt, die vom Land Muscheln und andere Schätze (auch Teller oder Ringe) mitbringen. Eventuell kann eine weitere Insel angesteuert werden, auf der neue Schätze gefunden werden.

4. Phase: Das Schiff sticht mit der Besatzung wieder in See und gerät erneut in Seenot. Der Sturm ist dieses Mal jedoch so stark, dass das Schiff kentert und die Schätze im Wasser versinken. Alle Kinder retten sich erst einmal an Land (Beckenrand und Treppe).

5. Phase: Weil alle Schätze untergegangen sind, werden die ersten Schwimmerinnen und Schwimmer ausgesandt, die Schätze zu sichten. Anschliessend kommen die Taucher und Taucherinnen, welche die Schätze wieder aus dem Wasser heben. Wenn die Schätze in unterschiedlichen Tiefen liegen, können sich alle Kinder am Tauchen beteiligen.
Alle Schätze und Schiffsüberreste werden gesammelt, ans Ufer gebracht und gemustert. Ein Fest für die „Überlebenden“ kann den Abschluss dieser Abenteuergeschichte bilden.

Projektspiele

Durchführungsort | Minimum Mitspielende 8 | 30 Min.

Projektspiele können folgende Struktur aufweisen: Nach einer Einleitung in das Thema wird das Projekt entwickelt. Der Hauptteil kann unterschiedlich gestaltet werden. So können in Arbeitsgruppen Aufgaben zum Thema erarbeitet werden. Anschliessend werden die Ergebnisse zusammengetragen und in einem Finale präsentiert. Das Thema kann aber auch mit einem Schlussspiel abgeschlossen werden.

Abenteuerliches Rutschen

Durchführungsort | Minimum Mitspielende 4 | 15 Min.

Sind in einem Schwimmbad Rutschen vorhanden, regen diese zu unterschiedlichen Aktivitäten an. Der Aufforderungscharakter von Rutschen ist besonders für Kinder sehr gross.

Freies Rutschen
Zunächst sollte man Freiraum lassen, um unterschiedliche Rutscharten auszuprobieren (im Sitzen, vorwärts oder rückwärts rutschen, kniend).

Rutschen und Gleiten
Wer kann vorwärts in Bauchlage rutschen und anschliessend am weitesten ins Wasser hinausgleiten (in verschiedenen Lagen)?

Kettenrutschen
Wer kann zu zweit/zu dritt rutschen (in verschiedenen Lagen, längste Schlange bilden)?

Abenteuerparcours

Durchführungsort | Minimum Mitspielende 8 | 30 Min.

Es werden verschiedene Stationen eines Parcours aufgebaut. Jede Station bietet in sich einen Anreiz und die Möglichkeit, abenteuerliche Erfahrungen zu machen.

Abenteuerliches Schwimmen
Es werden unterschiedliche Hindernisse aufgebaut. Nun muss jede und jeder diese Hindernisse überwinden. Als Hindernisse dienen: Absperrleinen, Slalomstangen, Reifen auf dem Wasser, Schwimmbretter in allen Grössen, Reifen im Wasser, Unterwasserslalomstangen usw.

Badewannenrennen
Eine Strecke (Quer- oder Längsbahn) darf in einer Badewanne zurückgelegt werden. Dabei darf nur mit den Händen gerudert werden.

Wackelbrücke
Grosse Styroporteile oder Luftmatratzen werden mit Seilen verbunden und verspannt, sodass eine „wackelige Brücke“ entsteht. Wer kann, ohne ins Wasser zu fallen, auf die andere Seite gelangen?

Hangeln und Schwingen
An einem Seil, das über das Schwimmbecken gespannt wird, kann versucht werden, über das Wasser zu hangeln. Oder man schwingt an einem herunterhängenden Seil.

Spiele mit dem Schwimmbrett

Schwimmbrett auf dem Wasser

Durchführungsort | Minimum Mitspielende 6 | 5 Min.

Mehrere Schwimmbretter liegen auf dem Wasser. Die Kinder tauchen unten durch.

Variation

- *Ein Schwimmbrett-„Turm" wird aufgeschichtet. Die Kinder tauchen unter ihm durch, ohne dass der Turm umfällt.*

Mind. 10 Schwimmbretter oder
1 Schwimmbrett pro Person

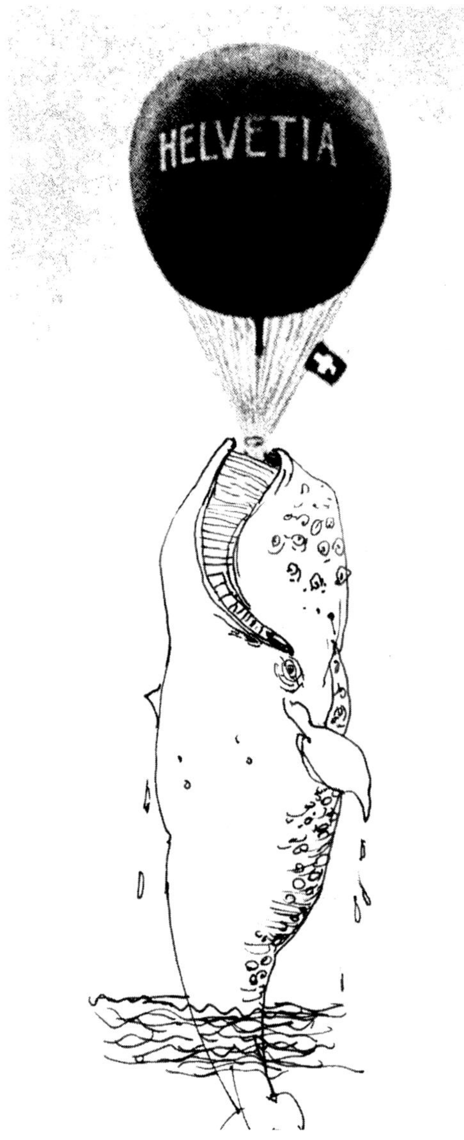

Schiebekampf

Durchführungsort

Minimum Mitspielende 6 | 5 Min.

Zwei Kinder halten je auf einer Seite ein Schwimmbrett fest und versuchen, durch Stossen das andere Kind bis zu einer gesetzten Marke zurückzudrängen.

Variation

- *Schiebekampf rückwärts! Das Brett wird zwischen den Rücken der Kinder eingeklemmt und sie stossen einander rückwärts.*

1 Schwimmbrett pro 2 Personen

Haikampf

Durchführungsort | Minimum Mitspielende 10 | 5 Min.

Die Kinder klemmen sich in Sitzposition 2 Schwimmbretter zwischen die Oberschenkel. Wer kann gegnerische „Reitende" so zum Sturz bringen, dass sie die Schwimmbretter verlieren?

Variationen

- *Schwimmbrett-Rodeo! Start auf einer Längsseite des Bassins. Die Kinder müssen auf dem Brett sitzend oder kniend auf die andere Seite paddeln.*

2 Schwimmbretter pro Person

Schwimmbrett kehren

Durchführungsort | Minimum Mitspielende 10 | 10 Min.

Die Schwimmbretter werden markiert (ev. einseitig beschriftet) und liegen verstreut im Wasser. Jede Gruppe versucht, während einer vorgegebenen Zeit, möglichst viele Bretter nur mit dem Kopf umzudrehen (von unten antauchen), sodass die Markierung nach oben schaut; die andere Gruppe macht das Gegenteil. Am Schluss wird gezählt.

Variation

- *Die Schwimmbretter mit verschiedenen Körperteilen (Fuss, Rücken, Ellbogen usw.) drehen.*

Mind. 20 Schwimmbretter

Sammeltag

Durchführungsort | Minimum Mitspielende 8 | 10 Min.

Im Bassin schwimmen gleich viele blaue und rote Schwimmbretter. Auf den Pfiff hin muss die Mannschaft A die roten, Mannschaft B die blauen Bretter einsammeln.

Die Kinder dürfen dabei die Bretter nur mit den Füssen (dem Kopf, dem Rücken usw.) berühren.

Mind. je 10 rote und blaue Schwimmbretter

Materialtransport

Durchführungsort | Minimum Mitspielende 8 | 5 Min.

Es werden 2 Mannschaften gebildet, welche sich je auf einer Längsseite aufstellen. Jede Mannschaft hat auf ihrer Seite doppelt so viele Schwimmbretter wie Mitglieder. Auf einen Pfiff hin müssen die Kinder ein Schwimmbrett auf die andere Seite tragen oder schwimmend transportieren, dort auf den Bassinrand legen und sofort zum Ausgangspunkt zurückkehren, um dort ein weiteres Schwimmbrett zu holen. Welche Mannschaft hat am Schluss (bei Abpfiff) am wenigsten Schwimmbretter auf ihrem Schwimmbeckrand?

Mind. 20 Schwimmbretter

Gymnastik mit Schwimmbrett

Durchführungsort | Minimum Mitspielende 4 | 10 Min.

Verschiedene Gymnastikformen mit dem Schwimmbrett ausführen:

- Brett im Wasser senkrecht mit beiden Armen hin- und herstossen
- Brett im Wasser waagrecht mit beiden Armen auf- und abdrücken
- Mit Schwimmbrett Wasser spritzen
- Schwimmbrett zwischen den Beinen einklemmen und so hüpfen
- Brett abwechselnd unter dem rechten und linken Knie durchschieben
- Hocksprünge über das mit beiden Händen festgehaltene Brett
- Füsse parallel auf das Brett stellen und Knie anziehen, sodass sich das Brett schwebend über dem Bassinboden befindet. So im Gleichgewicht bleiben.

1 Schwimmbrett pro Person

Spiele mit Tischtennisball

Tischtennisball blasen

Durchführungsort | Minimum Mitspielende 4 | 5 Min.

Jedes Kind erhält einen Tischtennisball. Alle stellen sich auf einer Seite des Lehrschwimmbeckens auf. Nun versuchen die Kinder, den Tischtennisball auf die andere Seite des Lehrschwimmbeckens (Querbahn) zu blasen, ohne den Ball zu berühren.

Variationen

- *Wettblasen: Wer bläst seinen Ball am schnellsten auf die andere Seite?*
- *Zwei Kinder stehen sich gegenüber und versuchen den Ball auf die andere Seite zu blasen.*

1 Tischtennisball pro Kind

Sogwirkung

Durchführungsort | Minimum Mitspielende 4 | 5 Min.

Jedes Kind hat einen Tischtennisball und stellt sich auf der einen Seite des Lehrschwimmbeckens auf. Nun geht das Kind rückwärts und versucht dabei, nur mit dem Sog, den der Körper erzeugt, den Ball auf die andere Seite des Lehrschwimmbeckens zu ziehen.

1 Tischtennisball pro Kind

Balltransport

Durchführungsort | Minimum Mitspielende 8 | 5 Min.

Es werden mehrere Mannschaften gebildet. Jedes Mannschaftsmitglied hat einen Tischtennisball. Nun soll dieser Tischtennisball auf eine bestimmte Weise über eine gewisse Strecke transportiert werden: vor sich her blasend, Ball am Hals einklemmend, Wasserballkraul. Welches Team ist zuerst mit dem Transport fertig?

Variationen

- *Ball auf dem Handrücken transportieren.*
- *Ball mit Suppenlöffel transportieren.*
- *Zwei bis drei Kinder stören die anderen Kinder beim Transport, ohne sie zu berühren. Oder je ein Kind jeder Mannschaft spielt bei den anderen Spielverderber.*
- *Eine Teilstrecke mit dieser, eine zweite in einer anderen Transportart absolvieren.*

1 Tischtennisball pro Kind

Ballspuckwettbewerb

Durchführungsort | Minimum Mitspielende 4 | 5 Min.

Jedes Kind hat einen Tischtennisball und stellt sich auf einer Seite des Beckens hin. Es muss den Ball möglichst rasch über zwei Längsbahnen nur mit Spucken befördern. Es nimmt den Ball in den Mund und spuckt diesen so weit als möglich. Anschliessend nimmt es den Ball wieder mit dem Mund auf und spuckt ihn weiter.

1 Tischtennisball pro Kind

Tischtennis-Spiel

Durchführungsort | Minimum Mitspielende 4 | 5 Min.

Alle Kinder haben ein Schwimmbrett und zu zweit je einen Tischtennisball. Nun versuchen die beiden einander den Ball mit den Schwimmbrettern zuzuspielen. Das erste Zuspiel erfolgt von Hand. Welches Team schafft die meisten Zuspiele innerhalb einer bestimmten Zeit? Gezählt werden nur Zuspiele mit dem Brett, die auch mit dem Brett abgefangen werden.

Tischtennisball pro 2 Kinder und
1 Schwimmbrett pro Kind

Schwarzer Peter

Durchführungsort | Minimum Mitspielende 8 | 5 Min.

Die Kinder bilden im Liegestütz rücklings einen Kreis. Die Beine zeigen zum Zentrum. Dort schwimmt ein Tischtennisball. Jedes Kind versucht, den Tischtennisball mit kräftigem Beinschlag von sich fern zu halten. Wer den Ball berührt, erhält einen Strafpunkt. Wer hat nach einer bestimmten Zeit die wenigsten Strafpunkte?

1 Tischtennisball

Unterwassertransport

Durchführungsort | Minimum Mitspielende 6 | 5 Min.

Partner tauchen gleichzeitig von zwei Längsbeckenrändern aufeinander zu und übergeben sich unter Wasser einen Tischtennisball. Nach der Übergabe tauchen sie auf und schwimmen an den Rand zurück.

1 Tischtennisball pro 2 Kinder (Team)

Spiele mit Gymnastikstab

Delfinsprünge

Durchführungsort | Minimum Mitspielende 4 | 5 Min.

Gymnastikstäbe (oder alte abgesägte Besenstiele) treiben verteilt auf dem Wasser. Die Kinder versuchen über die Stäbe zu springen, ohne diese zu berühren. Wem gelingt dies dreimal nacheinander?

Achtung: Die Wassertiefe muss mindestens 80–120 cm sein!

1 Gymnastikstab pro Kind

Stosswettkampf

Durchführungsort | Minimum Mitspielende 4 | 5 Min.

Zwei Kinder stehen sich gegenüber und halten sich dabei am gleichen Stab. Sie versuchen nun, das andere Kind mittels Beinschlägen über eine gegebene Markierung zu stossen.

Variation

- *Es können verschiedene Beinschlagarten verwendet werden.*

1 Gymnastikstab pro 2 Kinder

Purzelbaum im Wasser

Durchführungsort | Minimum Mitspielende 3 | 10 Min.

Zwei Kinder stehen sich gegenüber und halten den Stab je am äusseren Ende etwa 20–40 cm über der Wasseroberfläche. Das dritte Kind versucht nun, eine Rolle vorwärts über den Stab zu machen, wobei es sich mit beiden Händen am Stab hält.

Variationen

- *Wem gelingt eine Rolle rückwärts (Felgaufschwung)?*
- *Der Stab wird unter Wasser gehalten. Wem gelingt so eine Rolle?*
- *Wer kann mit den Füssen auf dem Stab stehend eine gewisse Zeit balancieren?*

1 Gymnastikstab pro 3 Kinder

Abschleppdienst

Durchführungsort | Minimum Mitspielende 3 | 5 Min.

Zwei Kinder halten den Stab mit beiden Händen fest und ziehen ein drittes Kind, welches sich daran festhält, durch das Wasser.

Variation

- *Die Körperlage kann verändert werden.*

1 Gymnastikstab pro 3 Kinder

Glöckner vom Bad

Durchführungsort | Minimum Mitspielende 5 | 10 Min.

Die Kinder stehen im Kreis um die leitende Person herum. Diese hält einen Stab, an dessen Ende ein Glöckchen angebracht ist, ausgestreckt über die Köpfe der Kinder. Langsam dreht sich diese Person. Die Kinder springen hoch, wenn der Stab über ihrem Kopf ist und versuchen, das Glöckchen zum Klingen zu bringen.

Variation

- *Die Kinder springen vom Beckenrand hinein und versuchen dabei, das Glöckchen im Fluge zu berühren.*

1 Stab, 1 Glöckchen

Taucher

Durchführungsort | Minimum Mitspielende 6 | 10 Min.

4–5 Kinder stehen nebeneinander im Wasser. Jedes Kind drückt seinen Stab vor sich (etwa einen Meter von den Füssen entfernt) senkrecht auf den Beckenboden und beugt dabei den Oberkörper nach vorne. So entsteht ein kleiner Höhlenbogen. Nun versucht ein weiteres Kind unter diesem Bogen hindurchzutauchen. Anschliessend stellt sich das tauchende Kind in die Bogenreihe und ein anderes Kind taucht.

Variation

- *Die Kinder halten den Stab waagrecht im Wasser, je nach Fähigkeit des Tauchers tiefer oder weniger tief. Das tauchende Kind soll unter diesen Stäben durchtauchen.*

1 Gymnastikstab pro Kind

Spiele mit Bettlaken

Wasserbett

Durchführungsort | Minimum Mitspielende 7 | 10 Min.

Die Kinder halten das Bettlaken an den Ecken und der Längsseite und ziehen es straff an. Nun legt oder setzt sich ein Kind auf das Laken, die anderen bewegen sich im Kreis herum.

Variation

- *Die Kinder ziehen das „Wasserbett“ zur anderen Seite des Beckenrandes hin.*

1 Bettlaken pro Gruppe

Wasserfall

Durchführungsort | Minimum Mitspielende 7 | 5 Min.

Das Tuch kann doppelt oder vierfach zusammengelegt oder auch ganz ausgebreitet aufs Wasser gelegt werden. Zwei oder vier Kinder tauchen das gestreckte Tuch unter das Wasser, heben es dann gefüllt mit Wasser hoch, die anderen Kinder laufen darunter durch und erhalten dabei einen Wasserfall über den Kopf.

1 Bettlaken pro Gruppe

Ziehwettkampf

Durchführungsort | Minimum Mitspielende 6 | 5 Min.

Das Bettlaken wird zu einem Tau gedreht. Die Kinder werden in gleich starke Gruppen von 2–6 Personen aufgeteilt. Jede Gruppe bekommt ein Tauende zugewiesen und versucht, nach dem Startsignal die gegnerische Gruppe zu sich herüberzuziehen.

Variation

- *Nur ein Kind der Gruppe darf sich am Laken halten, die anderen müssen sich in einer Reihe stehend um den Bauch festhalten.*

1 Bettlaken

Zielwurf-Spiel

Durchführungsort Minimum Mitspielende 10 10 Min.

Es werden 2 Gruppen gebildet. Auf jeder Seite des Beckens liegt ein Bettlaken auf der Wasseroberfläche. Auf jedem Bassinrand werden verschiedene Spiel- und Wurfgeräte (Ringe, Bälle, Kieselsäckchen usw.) bereitgelegt. Auf jeder Seite steht je eine Gruppe. Sie muss das gegnerische Tuch mit den Gegenständen treffen, bis es auf den Beckenboden absinkt.

2 Bettlaken, verschiedene Wurfgegenstände

Bettlaken-Hindernislauf

Durchführungsort Minimum Mitspielende 12 10 Min.

Die Kinder werden in 2 Gruppen eingeteilt. Die Kinder der einen Gruppe halten das Tuch an den Ecken fest und spannen es auf der Wasseroberfläche. Die Kinder der anderen Gruppe durchlaufen nun nacheinander den Hindernisparcours. Zuerst gleiten sie über das Tuch, schwimmen dann zum gegenüberliegenden Beckenrand. Auf dem Rückweg tauchen sie unter dem Tuch durch. Per Handschlag schicken sie das nächste Kind auf den Weg. Am Schluss wird die Zeit gestoppt, welche die Kinder der Gruppe benötigten. Danach werden die Gruppenaufgaben gewechselt.

1 Bettlaken

Spiele mit Kraftschlauch

Handicap-Staffel

Durchführungsort | Minimum Mitspielende 4 | 5 Min.

Jedem Kind werden die Beine mit einem Kraftschlauch zusammengebunden. Mit den zusammengebundenen Füssen müssen die Kinder so rasch als möglich eine bestimmte Strecke bewältigen.

Variation

- *Die Knie werden zusammengebunden. Schatzraub: Den Kindern einer Gruppe werden die Füsse zusammengebunden. Sie spielen die Räuber. Ein Wächter versucht seinen Schatz (mehrere Pullboys) zu bewachen. Die Räuber dürfen beim Stehlen vom Wächter nicht berührt werden, ansonsten müssen sie den Schatz zurückgeben. Hat der Wächter seinen ganzen Schatz verloren, wird er ein Räuber.*

1 Kraftschlauch pro Kind

Kreisziehkampf

Durchführungsort | Minimum Mitspielende 10 | 10 Min.

Einige Schläuche werden zu einem Ring zusammengebunden. In der Mitte wird der Mittelpunkt mit einem Malstab oder einem am Boden fixierten Pullboy gekennzeichnet. Die Teilnehmenden verteilen sich im Kreis und fassen den Schlauchring. Auf ein Startzeichen versuchen sie, die gegenüber Stehenden gegen den Mittelpunkt zu ziehen. Wer den Mittelpunkt berührt scheidet aus oder muss eine Zusatzaufgabe lösen.

8–12 Kraftschläuche

Viereckspiel

Durchführungsort | Minimum Mitspielende 4 | 10 Min.

4 Kraftschläuche werden zusammengebunden. 4 Personen stellen sich so in die zusammengebundenen Schläuche, dass sie die Ecken eines Quadrats bilden. Etwa 2–3 Meter von jeder Ecke entfernt wird je ein Reifen auf den Beckenboden gelegt. Auf ein Startsignal hin versuchen alle 4 Personen gleichzeitig nach aussen zu ihrem Reifen zu ziehen. Wer kann als erster seinen Reifen berühren oder sogar vom Boden aufheben?

4 Kraftschläuche, 4 Reifen

Spiele mit Luftballon

Luftballon-Rennen

Durchführungsort

Minimum Mitspielende 4

5 Min.

Jedes Kind erhält einen Luftballon, den es aufbläst und zuknotet. Mit einem wasserfesten Filzstift schreibt es seinen Namen darauf. Alle Kinder sitzen auf dem Beckenrand und lassen den Luftballon vor sich auf dem Wasser schwimmen. Auf das Startzeichen hin strampeln alle so stark wie möglich, um den eigenen Ballon möglichst weit in das Becken hinauszutreiben. Nach einer Minute wird abgepfiffen. Welcher Ballon ist nun am weitesten gekommen?

1 Luftballon pro Kind, 1 wasserfester Filzstift

Pflückballone

Durchführungsort

Minimum Mitspielende 8

5 Min.

In der Mitte wird eine Leine mit vielen Luftballonen über das Becken gespannt. Zwei Gruppen stellen sich je an einem Beckenrand auf. Nach dem Startzeichen darf jedes Kind durch das Wasser in die Mitte des Beckens waten, einen Ballon pflücken und diesen zum Beckenrand zurückbringen. Welche Gruppe hat die meisten Luftballone ergattert?

Variation

- *Die Ballone dürfen auch auf der gegnerischen Seite gestohlen werden.*

2–3 Luftballone pro Kind
1 lange Leine

Luftballon-Staffel

Durchführungsort

Minimum Mitspielende 4

10 Min.

Jedes Kind erhält einen aufgeblasenen Luftballon. Die Kinder stehen auf einer Seite am Beckenrand nebeneinander. Auf ein Startzeichen hin müssen sie versuchen, durch das Wasser auf die andere Seite zu laufen und dabei den Luftballon durch Schläge vor sich her zu treiben, ohne den Ballon zu berühren. Wer ist zuerst auf der anderen Seite?

Variationen

- *Ballon zwischen den Beinen einklemmen. Während des Laufens muss dieser immer unter Wasser gehalten werden.*
- *Mit dem Ballon tauchen. Auftauchen ist gestattet, jedoch darf mit dem Kopf über Wasser nicht geschwommen werden.*

1 Luftballon pro Kind

Spiele am Bach

Kimspiel

Durchführungsort | Minimum Mitspielende 4 | 15 Min.

Verschiedene Gegenstände, welche an einem Bach gefunden wurden, werden in ein markiertes Feld gelegt. Die Spielenden dürfen sich nun eine Minute Zeit nehmen, sich die Gegenstände genau einzuprägen. Dann muss sich jede und jeder umdrehen und möglichst viele Gegenstände aus dem Gedächtnis aufzählen. Wer konnte sich die meisten Gegenstände merken?

Variation

- *Zuerst die Gegenstände anschauen, dann umdrehen. Während dieser Zeit wird ein Gegenstand weggenommen, dann darf sich die Person wieder zurückdrehen und muss herausfinden welcher Gegenstand jetzt fehlt.*

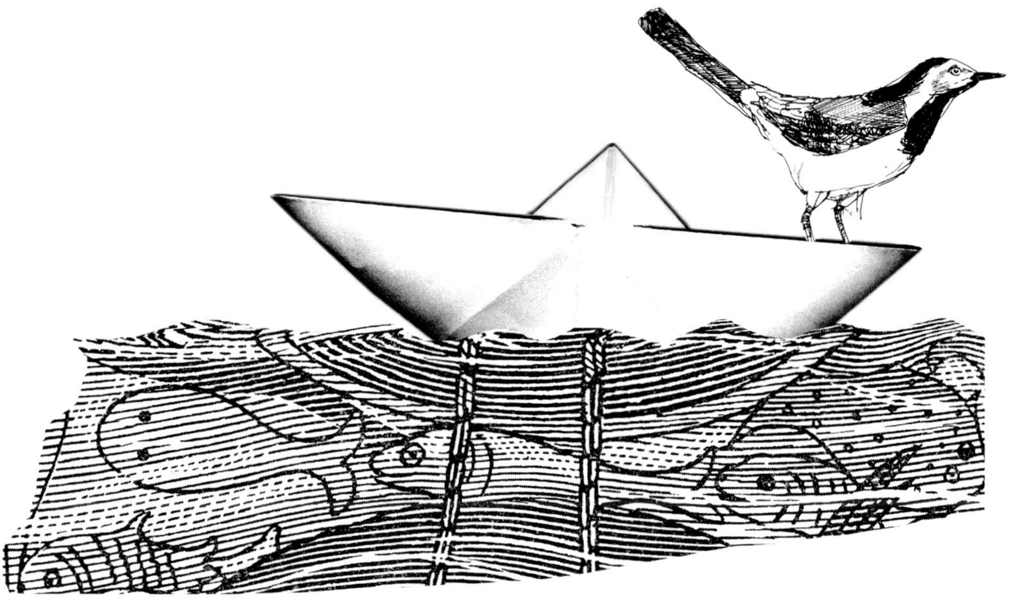

Flaschenpost

Durchführungsort | Minimum Mitspielende 4 | 15 Min.

Jedes Kind erhält eine Pet-Flasche, markiert diese oder steckt eine Botschaft mit seinem Namen in die Flasche. Anschliessend werden die Flaschen auf gleicher Höhe in den Bach geworfen. Welche Flasche erreicht zuerst eine bestimmte Stelle?

Variation

- *Die Teilnehmenden versuchen mit Steinwürfen die anderen Flaschen aufzuhalten oder ihre eigene Flasche schneller vorwärts zu bewegen.*

1 Pet-Flasche pro Kind, wasserfester Stift, Papier

Muschelwettlauf

Durchführungsort | Minimum Mitspielende 4 | 15 Min.

Um einen einmaligen Gegenstand (Muschel usw.) zu gewinnen, wird ein Wettkampf ausgetragen. In den nassen Sand werden 21 zusammenhängende Felder gezeichnet. In das mittlere (11.) Feld wird z. B. eine Muschel gelegt. Nun würfelt abwechslungsweise ein Spielpaar. Dabei darf die würfelnde Person ihre Figur (Stein) von ihrer Startseite aus um so viele Felder zum mittleren Feld hin versetzen, wie Augen gewürfelt wurden. Wer zuerst genau auf das mittlere Feld kommt, hat den Gegenstand gewonnen oder erhält einen Punkt.

Variation

- *Gewürfelt wird am gegenüberliegenden Bachufer. Zum Verschieben des Spielsteins muss erst der Bach überquert werden. Es geht auf Zeit.*

1 Würfel pro 2 Kinder

Bachbilder

Durchführungsort | Minimum Mitspielende 4 | 15 Min.

Zuerst werden unterschiedlichste Gegenstände am und im Bach gesammelt. Danach werden Gruppen gebildet, welche versuchen, aus den Gegenständen ein interessantes Bild zu gestalten. Der Rahmen wird in den Sand eingeritzt oder mit Steinen markiert. Welches Bild wird von der Jury zum besten erkoren?

Variation

- *Jede Gruppe gestaltet am Ufer nur mit Steinen aus dem Bach eine Skulptur.*

Steinewerfen

Durchführungsort | Minimum Mitspielende 4 | 15 Min.

Im Sand oder Kies des Bachufers werden zwei Linien im Abstand von 3–5 Metern eingezeichnet oder mit Ästchen gelegt: eine Abwurflinie und eine Ziellinie. Die Spielenden stehen hinter der Abwurflinie. Jeder und jede hat drei Steine (oder andere Gegenstände aus dem Bach). Die Spielenden dürfen bei jeder Runde nur einen Stein werfen und müssen dabei möglichst nahe an die Ziellinie gelangen. Steine, die über die Ziellinie hinausgeworfen wurden, dürfen in der Wertung nicht mehr berücksichtigt werden. Der Stein, der der Ziellinie am nächsten ist, hat gewonnen und die Person, welche diesen geworfen hat, darf alle Steine dieser Runde einkassieren.

Schifffahrt

Durchführungsort | Minimum Mitspielende 8 | 15 Min.

Die Kinder bilden Gruppen. Jede Gruppe baut ein Papierschiff, das eine Kerze flussabwärts transportieren soll. Nach etwa 10 Minuten Bauzeit werden die Kerzen angezündet und alle Schiffe miteinander flussabwärts gelassen. Welches Schiff kommt mit seiner brennenden Kerze am weitesten?

Variationen

- *Gleiche Aktion in der Nacht.*
- *Schiffchen mit Korkzapfen und Holz aus dem Wald bauen.*

Pro Gruppe: Zeitungen oder besser starkes Zeichenpapier, Klebeband, 1 Rechaukerze

Steintürmchen

Durchführungsort | Minimum Mitspielende 4 | 15 Min.

Eine Gruppe baut mit einer bestimmten Anzahl Steinen ein Türmchen. Nun dürfen die Mitglieder der Teams aus einer bestimmten Distanz und nur in einer Richtung mit Steinen auf das Türmchen werfen. Achtung: Vor Beginn des Wettschiessens darauf achten, dass niemand in die Schussbahn gerät!

Ein Turm gilt als zerstört, wenn alle Steine (auch der unterste) aus ihrer Position geschossen wurden.

Variation

- *Anzahl Würfe werden zu Beginn abgemacht.*

Staudamm

Durchführungsort — Minimum Mitspielende: 8 — 15 Min.

Die Kinder werden in 2er- oder 3er-Gruppen eingeteilt. Jede Gruppe hat die Aufgabe, einen Staudamm zu bauen und dabei einen möglichst tiefen See zu erhalten. Am Schluss wird die Tiefe jedes Stausees gemessen.

Flaschenkegeln

Durchführungsort — Minimum Mitspielende: 4 — 15 Min.

Jedes Kind erhält eine leere Pet-Flasche und bezeichnet sie mit seinem Namen. Nun werden die Flaschen mit Wasser gefüllt, aber ohne den Deckel zu schliessen, und nebeneinander aufgestellt. Von einer markierten Linie aus (ca. 5 m entfernt) wirft nun ein Kind nach dem anderen mit einem Ball auf die unverschlossenen Flaschen und versucht, sie umzuwerfen. Die Spielenden, deren Flaschen umgefallen sind, rennen sofort los, um ihre Flasche so schnell es geht wieder aufzustellen. Gewonnen hat die Person, in deren Flasche sich nach der dritten Spielrunde noch das meiste Wasser befindet.

1 Ball, 1 Pet-Flasche pro Person

5 Wasserspiele für Schwimmer und Schwimmerinnen

Schwimmspiele

Viele Spiele aus dem letzten Kapitel „Wasserspiele für Nichtschwimmer und Schwimmerinnen“ können problemlos auch ins Schwimmbecken übertragen werden. Allerdings sollten dabei die Spielregeln der neuen Situation angepasst werden. Praktisch alle Spiele können ausserdem miteinander kombiniert oder ergänzend eingesetzt werden.
Die meisten der folgenden Spiele sind auch am See durchführbar. Allerdings ist zu beachten, dass am See unbedingt eine Person benötigt wird, welche (evtl. von einem Boot aus) aufpasst und Übersicht behält. Bei Spielen im freien Gelände, also auch auf dem See, ist es besonders für ungeübte Schwimmende sehr wichtig, klare Abgrenzungen zu markieren: gespannte Seile, roter, schwimmender Ballon, der mit einem Gewicht an der Schnur träge auf dem Wasser liegt. Ausserdem ist auf die Uferlandschaft zu achten. Unübersichtliche oder problematische Gebiete wie zum Beispiel Schilf, in dem man sich verfangen kann, sind zu meiden.

Fangspiele

Wasserfangen

Durchführungsort | Minimum Mitspielende 8 | 10 Min.

Der Wechsel des Fängers oder der Fängerin wird entweder laut gerufen („Maja ist Fängerin.“) oder die fangende Person wird durch einen Ring am Arm (oder eine Wasserballkappe) markiert. Wer gefangen worden ist, wird neuer Fänger.

Variation

- *Tauchfangen: Die Kinder, welche den Kopf unter Wasser haben, können nicht gefangen werden.*

1–2 Wasserballkappen

Eckenfangen

Durchführungsort | Minimum Mitspielende 6 | 15 Min.

Der Fänger oder die Fängerin hat eine Wasserballkappe an und versucht, die anderen Kinder zu fangen. Dabei dürfen die Kinder aus dem Wasser steigen und am Beckenrand umhergehen (ACHTUNG: nicht rennen!!), jedoch bei jedem Beckeneckpunkt müssen die Kinder erst ins Wasser springen, bevor sie anschliessend wieder hinaussteigen dürfen. Wer gefangen wurde, ist neu Fänger oder Fängerin.

1–2 Wasserballkappen

Haifischfangen

Durchführungsort | Minimum Mitspielende 2 | 10 Min.

Immer zwei Kinder messen sich gegenseitig. Ein Kind ist als Hai am Schwimmbeckenrand im Wasser, das andere etwa 3–4 Meter entfernt. Auf einen Pfiff hin schwimmen beide Kinder los. Die fliehende Person versucht zur anderen Seite zu schwimmen, der Hai will einen Fuss fassen. Wer Erfolg hat, erhält einen Punkt. Anschliessend werden die Rollen getauscht. Welches Kind hat nach einer gewissen Zeit die meisten Punkte?

Variationen

- *Der Haifisch darf Schwimmflossen benützen.*
- *Der Abstand am Start wird vergrössert oder verkleinert.*
- *Die fliehende Person macht Brustschwimmen, der Hai Kraul.*

Paarfangen

Durchführungsort

Minimum Mitspielende 5

10 Min.

Zwei Kinder halten sich an den Händen und versuchen als Paar andere Kinder zu fangen. Wird ein Kind gefangen, wird es Fänger oder Fängerin und jene Person, die das Kind zuerst berührt hat, ist wieder frei.

Ozeanüberquerung

Durchführungsort

Minimum Mitspielende 16

15 Min.

In jede Ecke eines Schwimmbeckens werden gleich grosse Mannschaften postiert. In der Mitte des Beckens hält sich ein Fänger auf. Auf ein Zeichen hin müssen alle vier Mannschaften ins Wasser springen und so schnell wie möglich zur gegenüberliegenden Ecke schwimmen ohne sich erwischen zu lassen. Alle vom Fänger berührten Schwimmenden werden zu Fangenden. Wer als letztes übrig bleibt, hat gewonnen und darf beim nächsten Durchgang die fangende Person bestimmen.

Staffelspiele

Beinschlagstaffel

Durchführungsort | Minimum Mitspielende 6 | 10 Min.

Es werden mehrere Gruppen gebildet, die in Staffelform gegeneinander schwimmen. Ein Schwimmbrett wird als „Staffelstab" weitergereicht.

Variationen

- *Verschiedene Beinschlagtechniken wie: Kraul, Rückenkraul oder Brustschwimmen.*
- *Schwimmbrett unterschiedlich halten: waagrecht, senkrecht im Wasser, schräg im Wasser, zwischen den Beinen eingeklemmt usw.*

1 Schwimmbrett pro Gruppe

Abschleppstaffel

Durchführungsort | Minimum Mitspielende 12 | 10 Min.

Auf einer Beckenseite stehen 3–6 Mannschaften mit jeweils 4–6 Spielenden. Auf der gegenüberliegenden Seite steht je eine Person als Abschleppkahn. Sie muss ein erstes Mannschaftsmitglied herüberholen. Wer geschleppt wird, hilft nicht mit, wehrt sich aber auch nicht. Sobald die zwei angekommen sind, wird die geschleppte Person zum Schleppkahn und holt das nächste Gruppenmitglied.

Variation

- *Wer geschleppt wird, legt sich auf ein Schwimmbrett.*

Schwimmbrett-Transportstaffel

Durchführungsort | Minimum Mitspielende 12 | 10 Min.

Jedes Mannschaftsmitglied muss auf spezielle Art eine Strecke mit dem Schwimmbrett absolvieren (sitzend, kniend, Brett vor sich herschiebend). Das Schwimmbrett wird als „Staffelstab" weitergereicht.

1 Schwimmbrett pro Gruppe

Transportschwimmen

Durchführungsort | Minimum Mitspielende 12 | 10 Min.

Ein gewisser Gegenstand muss auf die andere Seite transportiert werden, ohne dass er nass wird. Dabei kann es sich um folgende Gegenstände handeln: Streichholzschachtel, brennende Kerze, Ballon, Löffel mit Tischtennisball usw.

Gegenstände (Streichholzschachtel, Kerze usw.) pro Gruppe

Hindernisschwimmen

Durchführungsort | Minimum Mitspielende 12

Es werden unterschiedliche Hindernisse aufgebaut. Nun müssen die Mannschaften in Staffelform die Hindernisse überwinden. Einige Hindernisse müssen unterschwommen (beispielsweise Schwimmbretter, Luftmatratzen, Schwimmleinen usw.), andere durchtaucht (Reifen unter Wasser) oder umschwommen (Badeinsel, grosse Reifen) werden.

Hindernismaterial (Schwimmbretter, Reifen, Leine, evtl. Insel)

T-Shirt-Wechsel

Durchführungsort | Minimum Mitspielende 12 | 10 Min.

Es werden Mannschaften gebildet, von denen sich je die Hälfte ein T-Shirt überzieht und am gegenüberliegenden Beckenrand aufstellt. Von jeder Seite startet gleichzeitig ein Teammitglied. Treffen sich die beiden unterwegs, wechseln sie das T-Shirt und schwimmen wieder zurück. Sobald sie an der Wand anschlagen, darf das nächste Teammitglied starten.

1 grosses T-Shirt pro Gruppe

Zahlenwettlauf

Durchführungsort | Minimum Mitspielende 12 | 10 Min.

Es werden Mannschaften mit 4–6 Mitgliedern gebildet. Jedes Mitglied erhält eine Zahl zwischen eins und der Anzahl der Mannschaftsmitglieder. Die Mannschaften stellen sich hinter einer Startlinie oder am Beckenrand auf. Der Spielleitende ruft nun eine der Zahlen auf. Sofort müssen die Spielenden mit dieser Zahl ins Wasser springen, zur Wendemarke (zum anderen Beckenrand) schwimmen, dort berühren, so schnell wie möglich zurückschwimmen und aus dem Wasser steigen. Die Person, welcher dies als erstes gelingt, erobert ihrer Mannschaft einen Punkt. Nach 10–30 Durchgängen wird die beste Mannschaft ermittelt.

Rettungseinsatz

Durchführungsort | Minimum Mitspielende 6 | 10 Min.

Die ganze Gruppe stellt sich an der Längsseite des Bades auf. In 3–6 m Entfernung vom Beckenrand ist eine Leine gespannt. Alle Spielenden haben einen Wasserball in der Hand. Auf ein Kommando hin werfen sämtliche Spielende ihren Ball über die Leine hinaus, springen mit einem Kopfsprung ins Wasser, tauchen bis hinter die gespannte Leine, nehmen dort ihren Ball in die Hand, tauchen mit dem Ball nochmals unter der gespannten Leine durch, kehren so schnell wie möglich wieder zurück und klettern auf den Beckenrand. Die erste Person, die auf dem Rand steht, erhält 3 Punkte, die zweite Person 2 Punkte und die dritte einen Punkt. Wer hat nach 10 Runden die meisten Punkte?

Pro Person 1 Wasserball, 1 Leine

Brückenschwimmen

Durchführungsort | Minimum Mitspielende 6 | 10 Min.

Als Gruppe schwimmen drei Personen hintereinander. Dabei muss sich die Person in der Mitte als Brücke transportieren lassen. Die Brücke hält sich mit den Händen an den Schultern der vorderen Person und legt die Füsse auf die Schultern der hinteren Person. Jede Gruppe muss dreimal die Strecke schwimmen und dabei die Positionen wechseln, sodass alle einmal die Brücke waren, einmal hinten und einmal vorne geschwommen sind. Welche Gruppe hat zuerst die Strecke bewältigt?

Ballspiele

Tupfball

Durchführungsort | Minimum Mitspielende 8 | 10 Min.

2–4 Kinder haben je einen Ball. Sie versuchen, in möglichst kurzer Zeit, ein anderes Kind mit ihrem Ball zu berühren (zu „tupfen“). Wer berührt wird, muss den Ball übernehmen und wird zum Jäger.

1 Wasserball

Schnappball

Durchführungsort | Minimum Mitspielende 8 | 15 Min.

Zwei gleich starke Mannschaften, die durch Badekappen gekennzeichnet sind, versuchen, den Ball durch Passen und Fangen möglichst lange in den eigenen Reihen zu halten. Gelingen einer Mannschaft 10 Pässe, ohne dass der Gegner an den Ball gekommen ist, erhält die Mannschaft einen Punkt. Nun kann die gegnerische Mannschaft versuchen, ob sie 10 Pässe hintereinander schafft. Kommt die gegnerische Mannschaft vorher in Ballbesitz, so kann sie sofort versuchen, mit den eigenen 10 Zuspielen zu beginnen.

Variation

- *Mit dem Ball darf nicht geschwommen werden.*

Badekappe für eine Mannschaft
1 Wasserball

Linienball

Durchführungsort | Minimum Mitspielende 8 | 10 Min.

Es werden 2 Mannschaften gebildet. Jede Mannschaft hat eine Beckenbreite zu verteidigen. Nun versucht die ballbesitzende Mannschaft durch Zuspiel innerhalb der Mannschaft, den Ball auf den gegnerischen Beckenrand zu legen. Achtung: Klare Regeln geben! Niemand darf unter das Wasser gedrückt werden!

Badekappe für 1 Mannschaft
1 Wasserball

Haifischfänger

Durchführungsort | Minimum Mitspielende 8 | 15 Min.

An jedem Beckenrand sind eine Anzahl Schwimmbretter v-förmig gegeneinander aufgestellt. Nun gilt es, diese Schwimmbretter (Haifischflossen) zu treffen. Zuerst spielt die eine Hälfte Haifischfänger und fängt mit dem Ball Haifische, indem die Schwimmbretter mit dem Ball umgeschossen werden. Die andere Hälfte versucht dies zu verhindern, indem sie am Beckenrand stehend die Haifischflossen vor den Wurfgeschossen verteidigt. Nach einer bestimmten Zeit wird gewechselt. Wer hat mehr Haifische gefangen?

Variation

- *Es wird gespielt bis alle Haie gefallen sind. Welche Mannschaft benötigt dafür weniger Zeit?*

16 Schwimmbretter, 1 Wasserball

Völkerball

Durchführungsort | Minimum Mitspielende 12 | 15 Min.

2 Mannschaften stehen sich in den beiden Beckenhälften, die mit einem Seil abgetrennt sind, gegenüber. Sie versuchen mit Hilfe eines Softballes, Spielende aus der Gegenmannschaft zu treffen. Wer vom Ball getroffen wurde, muss das Wasser verlassen, kann aber am Beckenrand des gegnerischen Feldes mitspielen und dabei die Mannschaft beim Treffen unterstützen.

Achtung: Bei kräftigen Jugendlichen empfiehlt es sich, einen sehr weichen Ball (aufblasbaren Wasserball) zu nehmen.

1 Softball

Kickball

Durchführungsort | Minimum Mitspielende 12 | 15 Min.

Es werden zwei Mannschaften gebildet, eine Kick- und eine Feldmannschaft. Ein Mitglied der Kickmannschaft kickt den Ball Richtung Schwimmbecken (See), wobei der Ball im Wasser landen muss. Alle übrigen Mitglieder der Kickmannschaft müssen nach dem Kick möglichst oft eine bestimmte Strecke schwimmen (jede Strecke gibt 1 Punkt). Sobald die Feldmannschaft den Ball zum Nest (Reifen nahe des Abkickortes) zurückgelegt hat, stoppt die Runde.

1 Wasserball, 1 Reifen

Delfinball

Durchführungsort | Minimum Mitspielende 8 | 10 Min.

Die zwei Mannschaften müssen einen Wasserball zum gegnerischen Beckenrand befördern. Geschwommen wird während des ganzen Spieles in der Brustlage. Der Ball darf nur mit dem Kopf geführt werden. Bei Verwendung von Händen oder Füssen gibt es einen Freistoss für die gegnerische Mannschaft.

Achtung: Gefahr von Kopfzusammenstössen! In draufgängerischen Gruppen ist dieses Spiel nicht empfehlenswert!

1 Wasserball

Strampelball

Durchführungsort | Minimum Mitspielende 12 | 10 Min.

Zwei Mannschaften müssen einen Ball nur durch Strampeln mit den Beinen zum gegnerischen Beckenrand befördern. Die Mitspielenden schwimmen in Rückenlage, um einen besseren Überblick über die Spielsituation zu erreichen. Der Ball darf mit den Füssen oder Beinen nicht berührt werden, sonst gibt es „Strafstoss“.

Variation

- *Mehrere Bälle (ungerade Anzahl Bälle) verwenden.*

1 Wasserball, Badekappen für eine Mannschaft

Circuitsformen

Spielerisches Konditionstraining

(Organsiationsform: eine Längsbahn im Schwimmbecken)

Durchführungsort — Minimum Mitspielende 16 — 25 Min.

Jeweils 1 Minute Arbeit, dann 1 Minute Pause und wechseln zum nächsten Posten. Die Posten sollten mit grossen Zahlen markiert sein, um so einen reibungslosen Ablauf zu gewährleisten. An jedem Posten sind immer gleichzeitig 2 Personen.

1. Armzug
Mit den Füssen an einem Gummischlauch, der am Beckenrand (Startpflock) befestigt ist, anhängen und den Armzug üben.

2. Ball werfen
Ball nur einhändig werfen und wieder fangen. Beide Hände wechselseitig gebrauchen.
Weitere Anregung: Sich nach jedem Pass um die eigene Achse drehen.

3. Hochstemmen
Am Beckenrand einen Ball in eine Hand nehmen, abtauchen, unter Wasser ausatmen, hochschiessen, den Ball durch die Luft in die andere Hand werfen, fangen, wieder abtauchen etc.

4. Wassertreten
Ein leerer (oder halb gefüllter) Kessel muss mit Hilfe abwechselnder Brustbeinschläge (Wassertreten) über der Wasseroberfläche gehalten werden.

5. Beinschlag
A und B halten sich gegenseitig an einem Gummischlauch und machen in Rückenlage Rückenkraulbeinschlag. Wenn möglich immer am Ort bleiben.

6. Fusssprünge
Hineinspringen, herausklettern etc. Wer von den beiden macht mehr Sprünge?

7. Gymnastik
Ausserhalb des Schwimmbeckens muss eine genau vorgeschriebene Übung (evtl. Krafttraining) ausgeführt werden.

8. Tauchen
Mit Schwimmflossen muss an den Übenden an den anderen Posten vorbei der ganze Parcours durchquert werden, ohne diese zu stören.

3 Kraftschläuche, 1 Wasserball, evtl. Schwimmflossen, Postenplakate mit Nummern

Spielerischer Gruppenwettkampf

(Organsiationsform: ganzes Schwimmbecken)

Durchführungsort — Minimum Mitspielende 16 — 25 Min.

Jede Gruppe (4–6 Personen) erhält an jeder Station eine gewisse Anzahl Punkte. Welche Gruppe hat am Ende die meisten Punkte gesammelt?

1. Eimer füllen
Auf dem Startblock steht ein Eimer. Die Gruppe versucht, mit Jogurtbechern in einer vorgegebenen Zeit möglichst viel Wasser in den Eimer zu schöpfen. Mit dem leeren Deckel jeweils eine bestimmte Distanz um eine Marke schwimmen. Eimer bleibt stehen. Pro cm Wasserhöhe gibt es 1 Punkt.

2. Gewichttransport
Zwei Gewichte (Tauchringe) müssen über die Beckenbreite hin und her transportiert werden. Nur eine Person ist pro Gewicht auf der Strecke. Nach jeder Teilstrecke abwechseln. Marke mit Reifen oder Tauchring festlegen. Pro Breite gibt es 1 Punkt.

3. Gefangenenschwimmen
Die Gruppe ist an den Füssen mit einer Zauberschnur zusammengebunden und muss versuchen, möglichst viele Breiten zu schwimmen. Pro Breite gibt es 2 Punkte.

4. Wasserball
Ein Ball muss immer hin und her transportiert werden (Wasserball-Kraul, ohne Hilfe der Hände den Ball vor sich herschieben). Pro Breite gibt es 1 Punkt.

5. Tauchglocke
Ein Eimer, an einem Tauchring befestigt, liegt auf dem Beckenboden. Abtauchen, Luft unter den Eimer blasen ... bis der Eimer zur Wasseroberfläche steigt. Oben muss der Eimer wieder ganz mit Wasser gefüllt und wieder versenkt werden. Am Schluss eine Rangliste erstellen: Die 1. Gruppe erhält 6 Punkte, ... die 6. Gruppe 1 Punkt.

6. Sklaven-Transport
Ein kleiner Tauchring muss auf dem Kopf hin und her transportiert werden, ohne die Hände zu benützen. Pro Breite gibt es 1 Punkt.

4 Jogurtbecher und 1 Eimer, 4 grosse Tauchringe, 1 Zauberschnur, 1 Wasserball, 1 Eimer, 4 kleine Tauchringe

Schwimmspielformen

Platzwechselspiel

Durchführungsort Minimum Mitspielende 8 10 Min.

Die Hälfte der Gruppe sitzt auf der einen Seite auf dem Beckenrand, die andere gegenüber. Es starten alle gleichzeitig und versuchen, möglichst schnell aneinander vorbei auf die andere Seite zu wechseln. Die Fortbewegungsart wird jeweils von den Teilnehmenden oder der Leitung vorgegeben.

„Schiffe versenken"

Durchführungsort Minimum Mitspielende 4 15 Min.

Immer zwei Kinder spielen gegeneinander. Zuerst tragen sie je ihre 3 Schiffe in ein Raster von Quadraten ein. Z. B. in der Höhe acht Quadrate von A bis H, in der Breite acht Quadrate von 1–8. Als Schiffe werden irgendwo im Feld der 64 Quadrate je drei Quadrate über- oder nebeneinander ausgemalt. Dann versuchen beide abwechselnd durch einen Tipp, in welchem Feld ein gegnerisches Schiff sein könnte (z. B. B5), ein Schiff zu treffen. Ist der Tipp richtig, kann weiter geraten werden, ist es ein Fehlschuss, so muss eine Breite geschwommen werden. Wer hat zuerst alle 3 gegnerischen Schiffe getroffen (1x) oder versenkt (3x)?

1 kariertes Papier pro Person

Tauchringspiel

Durchführungsort Minimum Mitspielende 12 10 Min.

Je eine Gruppe von 6–8 Personen schwimmt in ihrem Spielbereich. Die Spielfelder sind mit einer 30 cm über der Wasseroberfläche gespannten Leine abgetrennt. Jede Mannschaft hat zu Beginn 2 bis 5 Tauchringe, die sie in die gegnerische Hälfte wirft. Jeder untergehende Tauchring zählt als Minuspunkt für die Mannschaft, in deren Hälfte der Tauchring ins Wasser gefallen ist. Wirft eine Mannschaft den Ring unter der Schnur durch oder aus dem Spielfeld hinaus, zählt dies als Minuspunkt für die werfende Mannschaft. Wer nach einer vorher festgesetzten Zeit den höchsten Punktestand hat, verliert das Spiel.

10 Tauchringe, 1 Leine

Mannschaftsstreckentauchen

Durchführungsort · Minimum Mitspielende 12 · 10 Min.

Das erste Mitglied einer Mannschaft taucht, so weit es kann. Das nächste schwimmt mit und taucht von der Stelle aus weiter, an der das erste aufgetaucht ist. Nun folgt das nächste. Wenn jedes Mitglied der Mannschaft einmal getaucht ist, wird die zurückgelegte Strecke gemessen. Gewonnen hat die Mannschaft, die am weitesten getaucht ist. Die Schnelligkeit spielt hierbei keine Rolle.

Schiebewettkampf

Durchführungsort · Minimum Mitspielende 2 · 5 Min.

2 Kinder halten ein Schwimmbrett so, dass das Brett genau zwischen ihnen liegt und sie einander entgegenblicken. Das Brett liegt genau auf der Mittellinie des Beckens. Nun versucht jedes, das andere nur mit Beinschlägen zum anderen Beckenrand zu drängen.

1 Schwimmbrett pro 2 Personen

Pünktlichkeits-Schwimmen

Durchführungsort · Minimum Mitspielende 4 · 15 Min.

Jedes Kind nennt seine persönliche Zeit, um eine Strecke (z. B. 200 m) zu bewältigen. Die Kinder schwimmen nun diese Strecke (ohne Uhr) und streben genau ihre Zeit an. Es gewinnt, wer die kleinste Differenz zwischen genannter und wirklich gebrauchter Zeit erreicht hat.

1 Stoppuhr

Springspiele

Rennboot

Durchführungsort Minimum Mitspielende 6 5 Min.

Eine Gruppe setzt sich wie Bobfahrer dicht hintereinander auf die Beckenkante und lässt sich auf ein Kommando hin ins Wasser fallen. Bei Kindern sollte dieses Spiel in eine Bewegungsgeschichte eingekleidet werden; z. B. jetzt fährt der Bob rechts herum (alle legen sich nach rechts), dann folgt eine scharfe Linkskurve und alle Kinder lassen sich hintereinander ins Wasser fallen.

Fallende Reihe

Durchführungsort Minimum Mitspielende 6 5 Min.

Eine Gruppe stellt sich mit dem Rücken zum Wasser am Beckenrand auf und halten je die Fussgelenke der Nachbarn fest. Auf Kommando lässt sich die ganze Gruppe der Reihe nach in das Wasser fallen.

Ball-Sprung

Durchführungsort Minimum Mitspielende 2 10 Min.

Die Kinder stellen sich am Beckenrand in eine Reihe. Die Leiterin oder der Leiter steht im Wasser und wirft den Ball hoch. Sofort springt das erste Kind ins Becken und versucht, den Ball in der Luft zu fangen. Den gefangenen Ball darf es auch unter Wasser nicht loslassen. Gelingt es, den Ball zu fangen und nicht zu verlieren, erhält das Kind zwei Punkte, kann es den Ball fangen aber verliert den Ball beim Eintauchen, so erhält es einen Punkt. Wer hat nach 10 Runden die meisten Punkte?

1–2 Bälle

Aufsprung

Durchführungsort

Minimum Mitspielende 4

5 Min.

Jedes Kind legt einen Gegenstand (z. B. eine Matte) ins Wasser, mindestens in 1 m Abstand vom Beckenrand. Vielleicht wird der Gegenstand von einem zweiten Kind festgehalten. Nun versucht das Kind mit einem Sprung auf dem Gegenstand zu landen und möglichst lange Zeit darauf stehen zu bleiben.

Achtung: Vorlage geben, damit man nicht zurück auf den Beckenrand fällt.

1 Gegenstand (Schwimmbrett, Matte) pro Kind

Reifensprung

Durchführungsort

Minimum Mitspielende 4

5 Min.

Nahe dem Beckenrand schwimmen Reifen. Jedes Kind versucht nun mit Kopf- oder Fusssprung durch den Reifen zu springen. Wem gelingt es auf beide Arten, ohne den Reifen zu berühren?

Achtung: Die Wassertiefe muss mindestens 2 m betragen.

1 Reif pro Kind

Mattensprung

Durchführungsort

Minimum Mitspielende 6

5 Min.

Am Beckenrand schwimmt in Längsrichtung auf die gegenüberliegende Seite hin eine Gummimatte oder Luftmatratze. Jedes Kind versucht nun auf der im Wasser liegenden Matte eine Rolle so auszuführen, dass es nach der Rolle ausgestreckt auf der Matte (Boot) liegt und mit dem Schwung Richtung andere Beckenseite gleitet. Wer kommt am weitesten?

1 Luftmatratze oder Gummimatte pro Kind oder pro Gruppe

Würfelspiele

Würfel-Bingo

Durchführungsort | Minimum Mitspielende 8 | 15 Min.

Jede Gruppe erhält ein Bingo-Blatt (siehe unten), auf welchem entsprechende Aufgaben stehen. Jemand der Gruppe würfelt und klebt einen Punkt auf das Feld der entsprechenden Augenzahl. Die Gruppe löst anschliessend die gestellte Aufgabe. Danach darf das nächste Gruppenmitglied würfeln. Ziel der Gruppe ist es, eine vollständige horizontale, vertikale oder diagonale Linie zu erreichen. Schafft dies die Gruppe, so rufen sie laut „Bingo". Welche Gruppe kann zuerst Bingo rufen?

1 Würfel (pro 4–6 Kinder)

Bingo-Blatt:

⚀	⚁	⚂	⚃	⚄	⚅

Aufgaben:

⚀ Hechtschiessen: Kopf im Wasser, abstossen, gleiten

⚁ Baumstammrollen: ständiges Drehen um die Längsachse

⚂ Purzelbaum: 3x

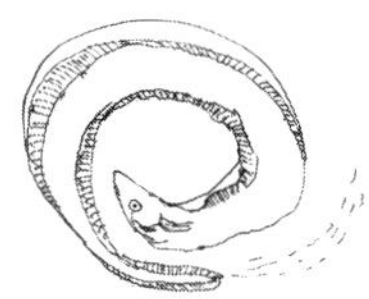

⚃ Tellerli-Tauchen: 5 Tellerli an Land bringen und wieder auswerfen

⚄ Füsse voran: auf dem Rücken schwimmend mit den Händen paddeln

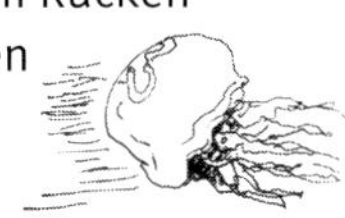

⚅ Schwimm-Sprint: 4 Breiten schwimmen (Schwimmart ist frei)

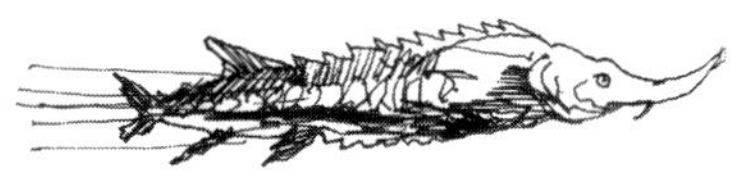

Würfelschwimmen

Durchführungsort | Minimum Mitspielende 8 | 15 Min.

Jede Gruppe (4–6 Kinder) erhält einen eigenen Würfel, eine Tafel und eine Tafelkreide. Nach jeder geschwommenen Länge oder Breite darf man einmal würfeln. Die so gewürfelten Zahlenwerte werden direkt zur zuletzt aufgeschriebenen Zahl addiert und auf die Tafel geschrieben. Welche Gruppe hat zuerst 111 Punkte gewürfelt?

1 Würfel (pro 4–6 Kinder), 1 Schreibtafel, Tafelkreide pro Gruppe

Leiterlispiel

Durchführungsort | Minimum Mitspielende 8 | 15 Min.

Maximum 6 Spielende pro Spielfeld
Spielregeln:
Kommt ein Spielender auf eine weisse Zahl, fällt oder steigt dessen Figur bis zur entsprechenden grauen Zahl. Zugleich muss die entsprechende Aufgabe gelöst werden. Diejenigen spielenden Personen, die sich auf einem weissen Feld befinden, müssen jeweils nach dem Würfeln eine Breite freie Lage schwimmen.
Am Schluss muss die gewürfelte Zahl genau mit dem Zielfeld aufgehen, ansonsten müssen die zuviel gewürfelten Punkte rückwärts gefahren werden.

1 Würfel (pro 4–6 Kinder), Spielplan und Aufgabenblatt pro Gruppe, Spielfiguren pro Team

Beispielaufgaben

(3) 2 Breiten Rückenbeinschlag, die Arme in die Höhe strecken.

(11) 2 Breiten Delfinbewegung unter Wasser, möglichst wenig atmen.

(13) 2 Breiten paddeln kopfwärts auf dem Rücken ohne Beinschlag.

(16) 2 Breiten Kraul Armzug mit Brust-Beinschlag.

(21) 2 Breiten Hundekraul.

(35) 2 Breiten Kraul mit gestreckten Armen (Windmühle).

(42) 2 Breiten tauchen.

(43) 2 Breiten Spitalschwimmen: rechter Arm greift das linke Bein.

(46) 4 Breiten Korkenzieher (Kraul und Rücken übergangslos zusammenhängen)

(55) 2 Breiten Kraul rückwärts schwimmen

(57) 6 Breiten Kraul schwimmen! (uff!)

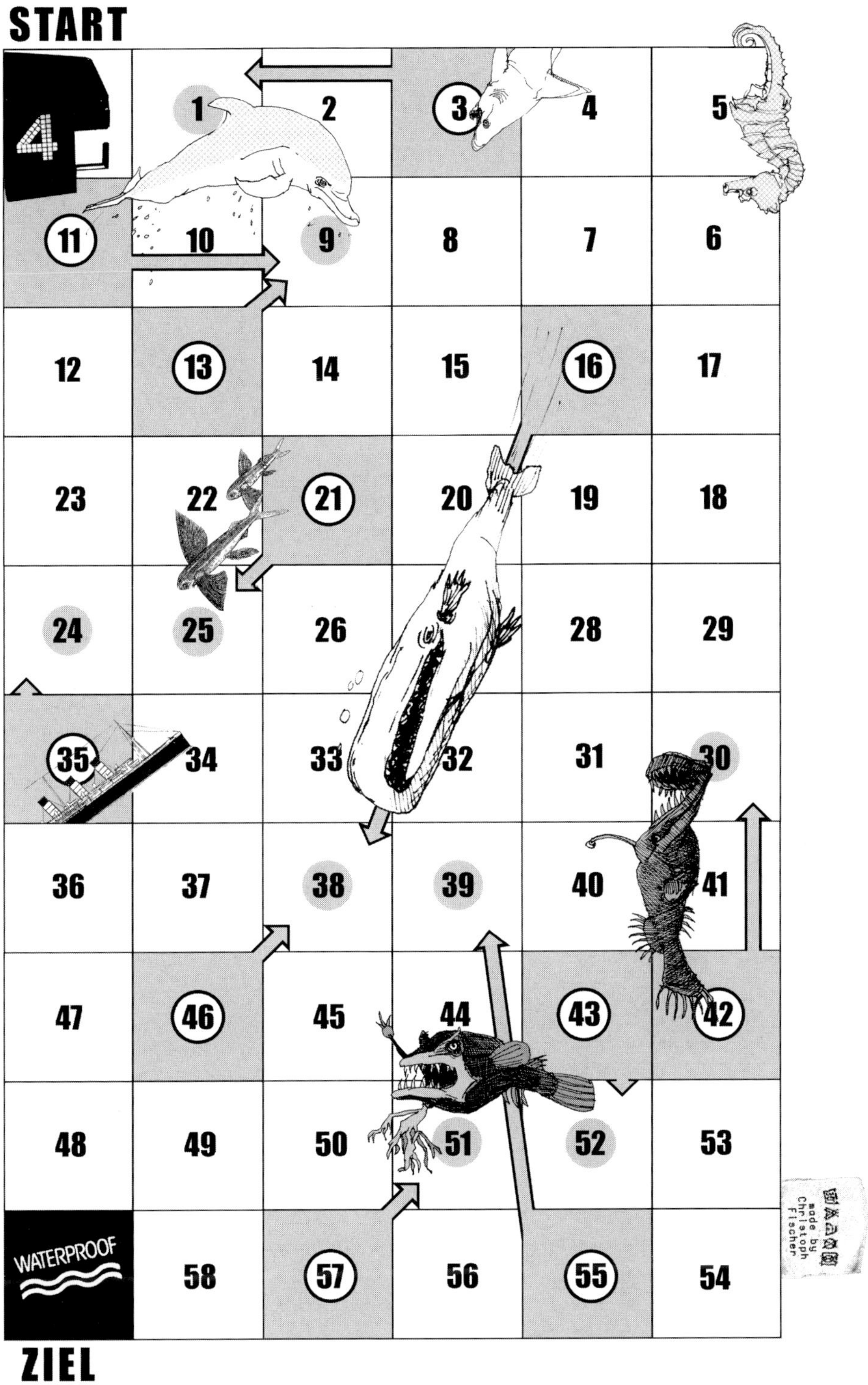
START
4
1 2 3 4 5
11 10 9 8 7 6
12 13 14 15 16 17
23 22 21 20 19 18
24 25 26 28 29
35 34 33 32 31 30
36 37 38 39 40 41
47 46 45 44 43 42
48 49 50 51 52 53
WATERPROOF
58 57 56 55 54
ZIEL
made by Christoph Fischer

Würfel-Fairness-Schwimmen

Durchführungsort | Minimum Mitspielende 2 | 5 Min.

Für jede Augenzahl wird vorgängig eine Aufgabe bestimmt. Diese wird auf ein Plakat geschrieben. Jedes Kind beginnt mit würfeln. Es führt die Aufgabe aus, welche der Augenzahl zugeordnet ist. Danach wird erneut gewürfelt und die entsprechende Aufgabe wiederum ausgeführt. Wird eine Zahl gewürfelt, die bereits vorkam, muss dieselbe Aufgabe nochmals ausgeführt werden. Wer hat zuerst alle Augenzahlen einmal gewürfelt und die entsprechenden Aufgaben erfüllt?

Beispiel von Aufgaben:

1. Breite einmal hin und zurück schwimmen (in bestimmter Schwimmtechnik)
2. Zweimal ins Wasser springen
3. So weit tauchen wie möglich und zurückschwimmen
4. Alle 4 Ecken des Schwimmbeckens anschwimmen
5. Zwei Breiten im Lernschwimmbecken durchwaten
6. Sechsmal hochspringen, untertauchen und wieder hochspringen

1 Würfel (pro 4–6 Kinder)

Würfel-Labyrinth

Durchführungsort | Minimum Mitspielende 8 | 5 Min.

Als erstes legt jede Gruppe fest, welche Aufgabe einer Punktzahl des Würfels zugeordnet wird. Die sechs Aufgaben werden auf ein Blatt Papier geschrieben. Nun werden die Aufgabenblätter zwischen den Gruppen ausgetauscht.

Nun würfelt jemand der Gruppe und schiebt die Figur auf das Feld mit der gewürfelten Zahl, auf dem die gleiche Augenpunktzahl ist, wie gewürfelt wurde. Alle Gruppenmitglieder müssen nun gemeinsam die entsprechende Aufgabe lösen. Danach darf wieder gewürfelt werden.

Am Schluss muss die gewürfelte Zahl genau auf das Zielfeld reichen, ansonsten müssen die zuviel gewürfelten Punkte wieder rückwärts gefahren werden.

1 Würfel (pro 4–6 Kinder), Bleistift, Papier pro Gruppe, Spielfiguren pro Team

Spiele in speziellen Situationen

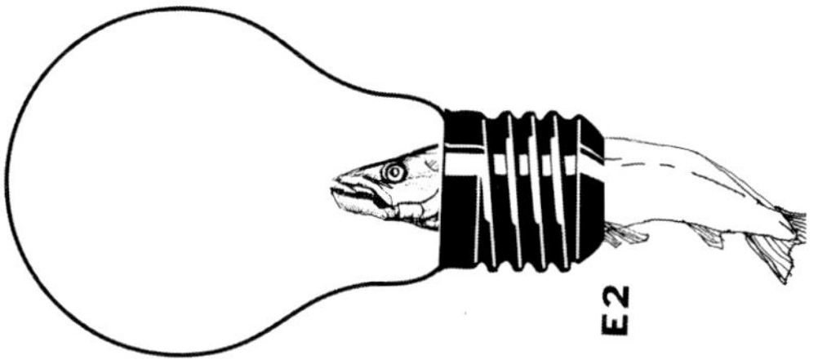

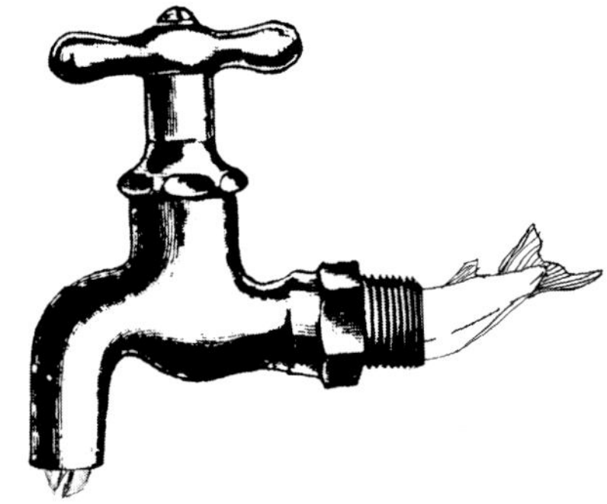

Schwimmfest

Durchführungsort | Minimum Mitspielende 16 | 1½–2 Std.

Es werden verschiedene Gruppen/Mannschaften gebildet. Diese sollen nacheinander an verschiedenen Posten gestellte Aufgaben lösen. Alle Posten werden bewertet. Die Siegermannschaft erhält zum Beispiel 10 Punkte, die nächste 9 usw. Die erreichte Punktezahl wird auf einem grossen Plakat aufgeschrieben. Voraussetzung für dieses Spiel ist, dass das ganze Schwimmbecken (oder See) benützt werden kann. So lassen sich einmal aufwändigere und spezielle Posten-Aufgaben vorbereiten. Meistens benötigt man zusätzliche Helferinnen und Helfer.

Hier einige Posten-Aufgaben:

Fliessband

Durchführungsort

5 Minuten pro Gruppe

Diverse aufblasbare Tiere

Die Gruppe stellt sich in einer Reihe auf und alle grätschen ihre Beine zu einem Tunnel. Auf ein Startzeichen hin reicht das erste Gruppenmitglied ein aufblasbares Tier durch seine Beine zu seiner Hinterperson weiter und schliesst sich sofort wieder als hinterste Person der Reihe an. Wieviel Zeit braucht ein Team, um 1–5 solcher Tiere zwischen den Beinen durch über eine Breite weiterzuleiten, ohne dass das Tier auftaucht. Sollte ein Tier auftauchen, muss mit diesem nochmals beim Start begonnen werden.

Springendes Tier

5 Minuten pro Gruppe

–

Jede Gruppe wählt 3–5 Mitglieder aus, die auf den 3-Meter-Sprungturm steigen. Sie müssen in regelmässigem Tempo über das Brett gehen und vorne abspringen. Überschreiten sie eine Marke auf dem Brett, ruft der oder die Spielleitende einen Begriff wie: „springendes Tier" oder „Insekt". Nun müssen die untenstehenden Gruppenmitglieder während des Fluges durch die Luft zu diesem Begriff möglichst viele passende Wörter (z. B. „Frosch, Pferd, Känguru") aufzählen. Gezählt werden am Schluss alle genannten Begriffe pro Gruppe. Wer hat am meisten?

Unterwasserpuzzle

5 Minuten pro Gruppe

Puzzleteile aus Kunststoff, laminierte Memorykärtchen

Aus Kunststoff gefertigte Puzzleteile werden im Becken verteilt. Die Gruppe muss nun in Staffelform die einzelnen Teile sammeln. Eine Person darf aber immer nur ein Puzzleteil auf einmal zurücknehmen. Welche Gruppe hat zuerst das Puzzle zusammengesetzt?

Variation

- *Unterwasser-Memoryspiel (laminierte Memorykärtchen)*

Begriffe raten

15 Minuten pro Gruppe

Pro Gruppe 15 Zettel mit Begriffen

Die Gruppe wird in 2er-Teams unterteilt. Die erste 2er-Gruppe startet und schwimmt zum gegenüberliegenden Beckenrand. Dort erhält eine Person einen (auf einen Zettel geschriebenen) Bergriff, den sie pantomimisch darstellen soll. Die andere Person muss herausfinden, um welchen Begriff es sich handelt. Ist der Begriff gefunden, können beide zurückschwimmen und sobald beide Personen zurück sind, startet das nächste 2er-Team der Gruppe. Welche Gruppe hat zuerst alle 15 Begriffe erraten und ist wieder zurück am Startpunkt?

Unterwasser-Kerze anzünden

5 Minuten

Pro Gruppe: 1 Plastikschüssel, Kerze, Streichhölzer

Eine Gruppe erhält eine grosse durchsichtige Plastikschüssel (kein Glas), Streichhölzer (oder Feuerzeug) und eine Kerze. Nun muss die Gruppe versuchen, mit diesen Utensilien in der Luftblase der umgedrehten Plastikschüssel unten auf dem Beckenboden die Kerze anzuzünden. Gruppenmitglieder können immer wieder auftauchen, um Luft zu holen. Wie lange benötigt die Gruppe dafür?

Dosenwerfen

5 Minuten

Pro Gruppe 10–20 Plastikbecher, einige kleine Bälle, 1 Schwimmbrett

10–20 Plastikbecher werden pyramidenförmig auf einem Schwimmbrett aufgebaut. In Staffelform kann jeweils ein Mitglied der Gruppe mit einem kleinen Ball in den Händen eine Breite schwimmen und auf die Becher werfen. Ist der Ball geworfen worden, kann das nächste Mitglied der Gruppe starten. Der Zielort des Schwimmens wird in etwa 8–10 m Entfernung zum Schwimmbrett festgelegt. Von dort aus darf auf die Becher geworfen werden. Wie lange benötigt die Gruppe, um alle Becher vom Schwimmbrett zu werfen?

Variation

- *Zielwerfen mit Ringen auf senkrechte Holzstäbe (Ringtennis).*

Clowngesicht malen

5 Minuten

Pro Gruppe 1 Schreibtafel, 1 Bleistift

Das Spiel ist als Umkehrstaffel organisiert. Je ein Mitglied der Gruppe schwimmt zum gegenüberliegenden Beckenrand, steigt aus, malt dort einen Teil eines Clowns und schwimmt zurück. Der Clown wird auf eine Tafel oder ein Plakat an der Wand gezeichnet. Jedes Gruppenmitglied darf nur einen Körperteil z. B. ein Ohr, Auge, Bein usw. malen. Welche Gruppe hat nach 5 Minuten das originellste Clownbild gemalt? Jede und jeder wählt das beste Bild (nicht das eigene) und setzt einen Punkt oder Strich auf das entsprechende Bild.

Badekappen-Wasserfüllen

10 Minuten

Pro Gruppe 1 Gummi-Badekappe,
1 Massbecher

Die Gruppe schätzt zuerst, wie viele Liter Wasser sie in eine Gummi-Badekappe giessen kann. Dann halten zwei Personen die Gummi-Badekappe am äussersten Rand (Achtung auf spitzige Fingernägel). Eine dritte Person füllt mit einem Massbecher Wasser hinein. Gewonnen hat, wer mit seiner Schätzung am nächsten bei der maximalen Füllung lag, die eine Gruppe erreichte.

Kellnerstaffel

5 Minuten pro Gruppe

Pro Gruppe 1 Schwimmbrett,
4 Plastikbecher, 1 Petflasche, 1 Kerze

Jede Person muss 4 Plastikbecher, 1 Petflasche und 1 Kerze auf einem Schwimmbrett eine Länge transportieren, ohne dass etwas hinunterfällt. Während des Schwimmens dürfen die Gegenstände nicht mit den Händen gehalten werden. Fällt ein Gegenstand ins Wasser, muss dieser wieder auf das Schwimmbrett gelegt werden, bevor weitergeschwommen werden darf. Welche Gruppe kann zuerst servieren?

Baywatch

10 Minuten pro Gruppe

Pro Gruppe 2 Seile, 4 Pullboys

Zwei Personen der Gruppe beginnen als Aufsichtspersonen und erhalten je ein Seil mit zwei angeknoteten Pullboys. Die übrigen Gruppenmitglieder halten sich im Wasser schwimmend mit einer Hand am gegenüberliegenden Beckenrand fest (Breite). Die zwei Baywatcher werfen den anderen Pullboys zu. Wer einen Pullboy erwischt kann sich von den Baywatchern auf die andere Seite ziehen lassen. Die „gerettete“ Person hilft den Baywatchern. Wie lange dauert es, bis alle Personen an Land sind?

Variation

Die Seile an einer Gummimatte oder an einer Luftmatratze anbinden. Eine Person schwimmt mit der Matte zur Gruppe. Zwei Personen legen sich auf die Matte, werden am Seil zurückgezogen und übernehmen, am anderen Rand angekommen, die Rollen der Aufsichtspersonen.

Wassergymnastik mit Musik

Durchführungsort | Minimum Mitspielende 6 | 30 Min.

Methodische Hinweise

- Übungen im hüft- bis brusttiefen Wasser
- Einfache Übungen mit angepasster Intensität wählen
- Bewegungen vor allem unter der Wasseroberfläche ausführen
- Grossräumige Bewegungen machen
- Klare Anweisungen geben (mit Zeichen arbeiten)
- Straffe Organisationsformen wählen
- Sichtbare Demonstrationen am Beckenrand oder im Wasser
- Animierende Musik wählen

Lektionsgliederung bei Wassergymnastik

- Einstimmung
  Wassergymnastische Spiele
  Lauf- und Gehformen
  100–120 Schläge/Minute
- Hauptteil
  Kräftigungsübungen
  60–80 Schläge/Minute
  mit und ohne Geräte
  Hüpfformen
  80–90 Schläge/Minute
  kombiniert mit Armbewegungen
  Beinarbeit
  100–120 Schläge/Minute
  kombiniert mit Hüpfformen
- Ausklang
  Wassergymnastische Beruhigungsspiele
  Dehnungsübungen
  60 Schläge/Minute
  Entspannungsübungen
  50–60 Schläge/Minute

Übungsauswahl

- Quer durcheinander laufen
- Hände schütteln
- Einhängen und drehen
- Polonaise
- Als 2er-Paare eine Doppelkolonne bilden, verschiedene Übungsformen mit klatschen, spritzen usw.
- Knapp unter der Wasseroberfläche die Arme vor- und zurückbewegen
- Im Wasser die Arme seitlich auf und ab bewegen
- Im Wasser die Arme parallel seitwärts führen, hoch und tief
- Grätschhüpfen mit paralleler Armbewegung vor und hinter dem Körper
- Kreuzhüpfen mit Langlaufschritt
- Mit Partner Karussellhüpfen
- Zu zweit in Front zueinander, gegenseitig mit rechter Hand fassen, hin und her bewegen wie um einen Baum zu zersägen
- In Bauchlage nebeneinander auf das Wasser liegen, einander eine Hand geben, mit dem freien äusseren Arm paddeln
- Schwimmbrett: vertikal halten und seitwärts drücken
- Schwimmbrett: zwischen die Beine und „twisten“
- Mit anderen Geräten arbeiten: Stab/Pullboy (2 Schaumstoffzylinder mit Kordel verbunden)/Poolnoodle usw.

Musikanlage, pro Person: Schwimmbrett, Pullboys, Poolnoodle (Stab aus Schaumstoff)

Schwimmshow

Durchführungsort · Minimum Mitspielende 16 · mehrere Stunden

Eine Schwimmshow vermag zum einen den Beteiligten in der Vorbereitungszeit, aber auch bei den Aufführungen eine Vielzahl von Erlebnissen und Erfahrungen zu bringen, zum anderen den Schwimmsport publikumswirksam zu verkaufen.

Darstellung einer Handlung

In vielerei Hinsicht eine grosse Herausforderung ist die Darstellung von Handlungen oder das Erzählen einer Geschichte im Wasser. Neben einer passenden Idee fordert das eine geeignete Musik und die schwimmerisch-darstellerischen Fähigkeiten der Beteiligten.

Musik

Die Auswahl der Musikstücke richtet sich nach dem begrenzten Bewegungstempo im Wasser. Instrumental-Titel sind vorzuziehen. Neben aktuellen sind altbekannte Hits bis zu den sogenannten Rock-Classics des Londoner Philharmonic Orchestra verwendbar. Neben den persönlichen Vorlieben richtet sich die Musikauswahl nach den Interessen des zu erwartenden Publikums.

Bekannte Musicals/Theateraufführungen
Sehr gut eignen sich auch Musicals wie „Cats“, „Phantom der Oper“ oder „Titanic“ usw. da Musik und Geschichte vorhanden und dem Publikum bekannt sind.

Materialien

Der Fantasie sind praktisch keine Grenzen gesetzt. Neben den gängigen Trainings- und Übungsgeräten wie Schwimmbretter, Schwimmsprossen, Poolnoodles, Pullboys können aus Holz und Plastik künstlerisch Gegenstände gefertigt werden: „Wasserpferde“, überdimensionale Wasserskis oder eine schwarze Todesqualle (Holzgestell mit schwarzer Folie).
Dazu kommen noch Requisiten, welche normalerweise nicht im Wasser anzutreffen sind, wie zum Beispiel Regenschirm, Zylinder, verschiedenste Kleidungsstücke und Laternen.

Einstudieren

Zu Beginn sollten die Teile im Wasser und die Spielszenen an Land einstudiert werden. So kann die Reihenfolge ökonomisch geübt werden. An jedem Teilprogramm wird mit den Teilnehmenden intensiv gearbeitet, um so möglichst viele Fehler auszuschliessen. Erst am Schluss werden die Teilstücke zusammengesetzt, um so den ganzen Handlungsablauf zu proben. Für das Einstudieren einer Show gilt die einfache Faustregel: immer wieder üben!

Nachtspiele

Durchführungsort

Minimum Mitspielende 8

20 bis 60 Min.

In der Nacht erhält Licht eine spezielle Bedeutung. Kerzen und Fackeln am Beckenrand/Seeufer bewirken eine besondere Atmosphäre. Auf schwimmenden Unterlagen (in kleinen Becken) wirken Kerzen und Fackeln als einzelne Lichtpunkte im Wasser.

Achtung: Brennende Kerzen im Wasser erforden eine sehr genaue Abklärung mit den Schwimmhauswarten, eine klare Organisationsform und Weisungen zum korrekten Verhalten der Teilnehmenden.

Kerzen und Fackeln

24-Stundenrennen

Durchführungsort

Minimum Mitspielende 8

1 Tag (und Nacht)

Während 24 Stunden (oder von 12.00 bis 24.00) versuchen Gruppen mit jeweils 4–8 Teilnehmenden eine möglichst weite Strecke zurückzulegen. Es schwimmt immer nur ein Gruppenmitglied auf einer Bahn. Die Ablösung kann beliebig von der Gruppe bestimmt werden, wobei ein einzelnes Mitglied höchstens doppelt so lange wie ein anderes im Wasser sein darf. Auch Ruhephasen, kleinere Mahlzeiten und ein wenig Schlaf sind innerhalb der Gruppe vorher genau abzumachen und schriftlich festzuhalten.

In der Garderobe Schlafunterlagen, Decken und Verpflegungsmöglichkeiten einrichten. Genügend Hilfs- und Aufsichtspersonal engagieren.
Der Anlass lässt sich auch als „Sponsoren-Schwimmen" für einen bestimmten Zweck organisieren: Jedes Mitglied organisiert sich Privatpersonen oder Firmen, die pro geschwommene 100 m einen bestimmten Betrag bezahlen.

Methodische Einführung von Ballspielen

Einfache Spielformen ermöglichen es, sofort mit Spielen zu beginnen. Überschaubare Spielsituationen und aufeinander aufbauende kleine Lernschritte führen zu Erfolgserlebnissen.
Die Regeln und Schwierigkeitsgrade werden den unterschiedlichen Altersstufen und dem Niveau der Spielfähigkeiten der Beteiligten angepasst.

Fangen und Werfen

Einfache Spielformen, die zunächst stehend im Lehrschwimmbecken gespielt werden, ermöglichen das Lernen von Fangen und Werfen im Wasser. Zudem lässt sich mit einfachen Zielwurfspielen die Grundsituation „Ball ins Ziel" üben.

Namen-Pullboy

Durchführungsort — Minimum Mitspielende 8 — 10 Min.

Alle stehen im Kreis. Jemand hat einen Pullboy und wirft ihn in der Mitte des Kreises mindestens 2 m hoch und ruft gleichzeitig den Namen einer anderen Person. Kann diese den Pullboy nicht fangen, d. h. er fällt aufs Wasser, bekommt sie einen Minuspunkt und darf als nächste den Ball aufwerfen.

1 Pullboy

Kreislücke

Durchführungsort — Minimum Mitspielende 10 — 10 Min.

Die Teilnehmenden werden in zwei Gruppen eingeteilt. Ein Mitglied von Gruppe A hält sich in der Mitte. Die Spielenden von Gruppe B bilden schwimmend um diese Person herum einen Kreis in mindestens 2 m Abstand. Die restlichen Spielenden der Gruppe A schwimmen um die Gruppe B in einem Aussenkreis.

Gruppe A erhält einen Ball. Die Spielenden der Gruppe A im äusseren Kreis lassen den Ball so lange in den eigenen Reihen zirkulieren, bis sie eine Lücke gefunden haben, durch die sie ihrem Gruppenmitglied in der Mitte den Ball zuspielen können. Gelingt ihnen dies, so erhalten sie einen Punkt. Wird der Ball von der Gruppe B abgewehrt, erhält diese einen Punkt. Nach einer festgelegten Zeit werden die Plätze getauscht. Gewonnen hat die Gruppe, welche die meisten Punkte gesammelt hat.

1 Wasserball

Haltet die Seite frei

Durchführungsort — Minimum Mitspielende 10 — 10 Min.

Das Becken wird durch eine Zauberschnur in zwei Hälften geteilt. In jeder Hälfte befindet sich eine Mannschaft, in der jedes Mitglied einen Ball hat. Auf ein Startzeichen hin versucht nun jede Mannschaft, die eigene Spielfläche von Bällen freizuhalten, indem sie alle erreichbaren Bälle auf die andere Seite wirft. Nach einem Signal der Spielleitung darf kein Ball mehr geworfen werden. Die Mannschaft, in deren Hälfte die wenigsten Bälle liegen, hat gewonnen.

Variation

- *Pro Mannschaft 1–3 Bälle mehr als Mitspielende.*

1 Ball pro Person und zusätzlich
2 Bälle pro Gruppe

Ball drängen

Durchführungsort | Minimum Mitspielende 8 | 10 Min.

In jeder Spielfeldhälfte befindet sich eine Mannschaft. Jede Person hat einen Ball. In der Mitte des Spielfeldes treibt ein grosser Hohlball auf dem Wasser. Es gilt, diesen durch Anwerfen mit den Bällen ins gegnerische Feld zu treiben. Sobald der Ball über eine vereinbarte Markierung hinaus in die gegnerische Spielhälfte getrieben wurde, gibt es einen Punkt. Ist der Ball wieder in die Mitte gesetzt, beginnt die nächste Spielrunde.

Pro Person 1 Wasserball und 1 grosser Hohlball

Schwimmbretter umwerfen

Durchführungsort | Minimum Mitspielende 8 | 10 Min.

Am Beckenrand werden Schwimmbretter so aufgestellt, dass je 2 aneinander gelehnt dastehen. Nun bekommt jedes Kind einen Ball, mit dem versucht wird, möglichst viele Schwimmbretter zu treffen.

Variationen

- *Es spielen zwei Gruppen gegeneinander (eventuell mit 1–2 Verteidigungsspielenden).*
- *Die Bretter stehen hinter jeder Mannschaft. Welche Mannschaft hat die Bretter der Gegner zuerst abgeschossen?*

Pro Person 1 Wasserball, 2 Schwimmbretter

Fischerball

Durchführungsort | Minimum Mitspielende 8 | 10 Min.

Die Fischerin oder der Fischer wird durch eine Badekappe gekennzeichnet und versucht, mit einem Softball die Fische zu treffen. Jeder getroffene Fisch wird ebenfalls zur Fischerin, zieht eine Badekappe über und hilft bei der Jagd. Sobald es mehr als 3 Fischerinnen und Fischer gibt, dürfen sie sich mit dem Ball in der Hand nicht mehr fortbewegen, sondern müssen diesen einem Mitfischer zuspielen, der in guter Position zum „abschiessen“ eines Fisches ist.

1 Softball, Badekappen

Ballführen und Abfangen

Die Technik des Ballführens lässt sich mit Staffeln in spielerischer Form einführen.

Einfache Staffel mit dem Ball

Durchführungsort | Minimum Mitspielende 8 | 10 Min.

Die Teilnehmenden transportieren einen Ball in Staffelform:

- Der Ball wird schwimmend vor sich her geschoben.
- Der Ball wird so über Wasser gehalten, dass er nicht nass wird.
- Der Ball wird unter Wasser transportiert.

Pro Person 1 Ball

Ballstaffel

Durchführungsort | Minimum Mitspielende 8 | 10 Min.

Die Kinder stellen sich in Mannschaften mit 4–6 Mitspielenden hintereinander auf. Nun wird ein Ball auf unterschiedliche Weise weitergereicht. Sobald das letzte Kind in der Gruppe den Ball erhalten hat, stellt es sich vorn an und reicht den Ball erneut weiter. Jede Person muss einmal in vorderster Position gewesen sein.

Variation

- *Den Ball auf verschiedene Arten weiterreichen: über dem Kopf, zwischen den Beinen hindurch, nur mit einer Hand, Ball nach hinten werfen ohne sich zu drehen usw.*

Pro Gruppe 1 Ball

Froschball

Spielformen, die auf festem Boden als Tigerballspiele bekannt sind, eignen sich bestens um Spielformen mit Gegenspieler und -spielerinnen in überschaubarem Rahmen einzuführen.

Parteiballspiele

Bei den Parteiballspielen werden technische und taktische Fähigkeiten für die grossen Mannschaftsspiele mit einem Ball unter vereinfachten Bedingungen eingeübt: Fangen und Werfen innerhalb der Mannschaft, freischwimmen usw.

In einem weiteren Schritt geht es darum, ein bestimmtes Ziel (ohne Abwehr) zu treffen. Die Ziele im Wasserspiel lassen sich schrittweise verkleinern, vom ganzen Beckenrand als Tor, bis zur normalen Grösse eines Wasserballtores.

Parteiball ohne Gegner

Durchführungsort — Minimum Mitspielende 10 — 10 Min.

Die Mitglieder zweier Mannschaften, die sich in getrennten Spielfeldern bewegen, versuchen einander den Ball so zuzuspielen, dass er nie ins Wasser fällt. Welche Mannschaft schafft zuerst 20 Pässe, ohne dass der Ball aufs Wasser fällt?

Variationen

- *Es darf mit dem Ball nicht geschwommen werden.*
- *Es darf nie zur Person zurückgespielt werden, die das Zuspiel gab.*
- *Fangen und werfen ist nur mit einer Hand erlaubt.*

Pro Gruppe 1 Ball

Parteiball mit Zielwurf

Durchführungsort — Minimum Mitspielende 10 — 10 Min.

Spielidee wie beim einfachen Parteiball, jedoch kann nach zehn erfolgreichen Pässen innerhalb der eigenen Mannschaft ein Zusatzpunkt gespielt werden, wenn als Abschluss ein Ziel getroffen wird: z. B. einen oder mehrere Reifen, die am Spielfeldrand liegen (z. B. vier rote Reifen und vier blaue Reifen).

1 Ball, 1 Reifen

Wasserball

Beim Kleinfeldspiel wird bereits nach einfachen Regeln gespielt bzw. die Regeln können schrittweise – je nach Spielsituationen – eingeführt werden. Allerdings wird noch auf verkleinertem Feld gespielt und die Gruppen sind ebenfalls kleiner und damit überschaubarer. Sobald alle technischen und taktischen Elemente in spielerischer Form erarbeitet sind, kann Wasserball wettkampfmässig gespielt werden.

Kleinfeldwasserball auf ein Tor

Durchführungsort — Minimum Mitspielende 10 — 15 Min.

Zwei kleine Mannschaften (3–5 Spielende pro Mannschaft) spielen auf kleinem Feld (Querbahn) auf ein Tor, zunächst ohne Torwart.
Schrittweise werden einfache Spielregeln eingeführt: Foulregeln, mit einer Hand fangen und werfen, Ball unter Wasser drücken ist nicht erlaubt.

Variationen
- *Grösse des Tores variieren: Einstiegsleiter als Tor, aufgestellte Schwimmbretter markieren das Tor, Wäschekörbe als Tore*
- *Mit Torwart spielen*
- *Grösse der Mannschaften variieren: 4 : 4, 5 : 5, 6 : 6*
- *Nur mit der schwächeren Hand spielen*

1 Ball, Badekappen

Wasserball nach einfachen Regeln

Durchführungsort — Minimum Mitspielende 10 — 15 Min.

- *Mannschaften*
  Je nach Spielfeld können pro Gruppe 5–10 Spielende eingesetzt werden.
  Wettkampf: 6 Feldspielende und 1 Torwartin oder Torwart
- *Spielfeld*
  Das Spielfeld sollte mind. 10 x 16 m gross sein und folgende Markierungen haben: Spielfeldmitte und 4 m-Linie.
  Wettkampf: 10–15 x 16–25 m Becken
- *Material*
  Wasserballtore, blaue und weisse Kappen, Wasserball
- *Spielzeit*
  von 2 x 5 Minuten bis 4 x 10 Minuten
  Wettkampf: 4 x 7 ½ Minuten reine Spielzeit
- *Foul*
  Als Foul sollte folgendes Fehlverhalten gepfiffen werden: Einen Gegner festhalten oder behindern, den Ball unter Wasser drücken (anfangs länger als 3 Sekunden), den Ball mit beiden Händen halten (mit Ausnahme des Torwarts).

Mannschaftsspiele mit Schwimmen

Brennball

Durchführungsort | Minimum Mitspielende 12 | 15 Min.

Es werden zwei Mannschaften gebildet. Eine Mannschaft ist zuerst Feldpartei, welche sich im Spielfeld verteilt, die andere ist die Wurfpartei und hält sich in der Mitte der Stirnseite am Beckenrand im Wasser auf. Ein Mitglied der Wurfpartei wirft einen Ball von dort so ins Feld, dass die andere Mannschaft Mühe hat, den Ball zu fangen und zurück in ein Brennmal beim Wurfplatz zu bringen. Die werfende Person darf sofort losschwimmen und muss versuchen, eines von 3–6 Schwimmmalen, die im Becken verteilt sind, zu erreichen. Bei jedem Schwimmmal darf verharrt werden, bis der Ball wieder im Spiel ist. Gelingt es, ohne Unterbrechung alle Schwimmmale zu umrunden und zur Grundlinie zurückzukehren, bekommt das Mitglied drei Punkte, gelingt es mit Unterbrechungen, bekommt es einen Punkt. Falls der Ball eher im Brennmal ist als eine schwimmende Person an einem Schwimmmal, gilt diese Person als „verbrannt" und bekommt keinen Punkt. Wenn alle Mitspielenden der Wurfpartei ein- oder zweimal geworfen haben, werden die Punkte addiert. Anschliessend werden die Rollen getauscht, das heisst die Feldpartei wird Wurfpartei und umgekehrt.

Variationen

- *Feldpartei muss 3-mal passen, bevor der Ball ins Brennmal gelegt werden darf.*
- *Brennmal ist ein Korb, ein Wasserbasketballkorb, eine schwimmende Matte.*
- *Die Feldpartei muss den Ball über das schwimmende Kind werfen.*

1 Ball, 4 Reifen (für 1 Brennmal, 3 Schwimmmale)

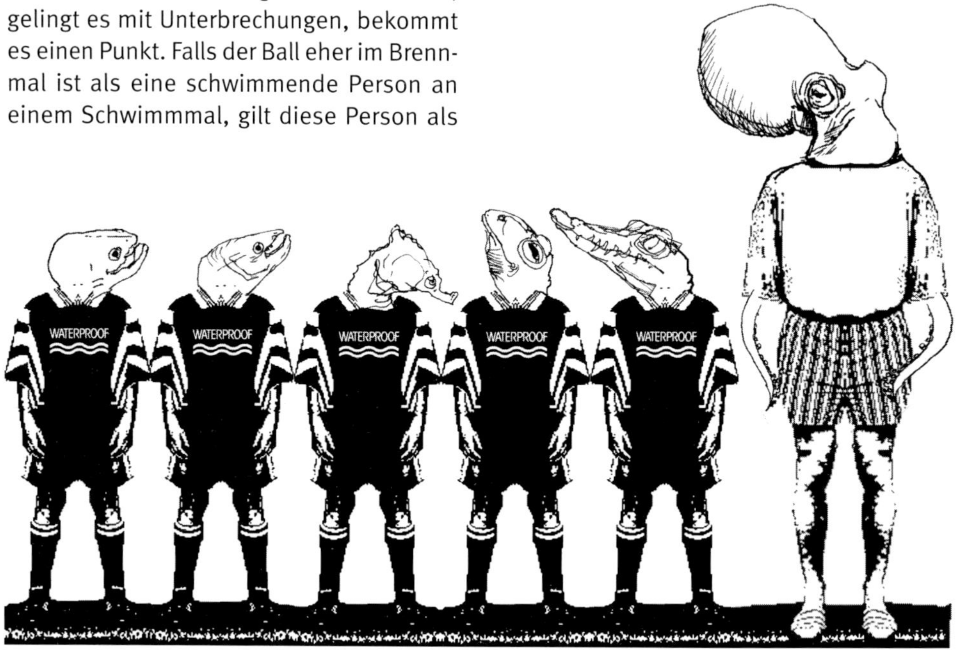

Burgball

Durchführungsort — Minimum Mitspielende 6 — 10 Min.

Auf einer in der Beckenmitte verankerten Matte liegt ein schwerer Ball. Im Kreis um diese Matte schwimmen 5–12 Kinder, die versuchen, mit einem kleineren Ball durch gezielte Würfe den grossen Ball von der Matte ins Wasser zu bewegen. Eine oder mehrere Personen verteidigen den Ball auf der Matte durch Abwehren der gezielten Würfe.

Variation

- *Mit dem Ball in den Händen darf man sich nicht fortbewegen.*

1 Ball, 1 Matte mit einem Ball

Turmball

Durchführungsort — Minimum Mitspielende 10 — 10 Min.

Es werden zwei Mannschaften gebildet. Je ein Mitglied jeder Mannschaft setzt sich als „Torwart" auf den Beckenrand. Jede Mannschaft versucht nun, ihren eigenen Torwart mit einem Zuspiel zu bedienen. Die gegnerische Mannschaft versucht das zu verhindern. Kann der Torwart einen Ball festhalten, erhält die Mannschaft einen Punkt und neuer Torwart wird jene Person, die das letzte Zuspiel gab.

Variation

- *Der Torwart formt mit den Armen einen Ring, durch den der Ball geworfen werden muss.*

1 Ball, Badekappen

Ball über die Schnur

Durchführungsort — Minimum Mitspielende 6 — 10 Min.

Eine Schnur wird in der Mitte des Schwimmbeckens 1 m über der Wasseroberfläche gespannt. 2 Mannschaften mit je 3–6 Mitspielenden versuchen, einen Ball (am besten einen aufblasbaren Wasserball) so über diese Schnur zu werfen, dass er im gegnerischen Feld auf die Wasseroberfläche fällt und nicht von einem gegnerischen Spieler oder einer Spielerin abgefangen werden kann. Eine Mannschaft erhält einen Punkt, wenn der Ball im gegnerischen Feld Wasser berührt oder wenn die gegnerische Mannschaft den Ball ins Aus oder ins Netz (unter der Schnur durch) wirft. Wer den Ball hat, darf sich nicht fortbewegen. Im eigenen Feld sind höchstens drei Zuspiele erlaubt.

1 aufblasbarer Wasserball, 1 Leine

Wasserbasketball

Durchführungsort | Minimum Mitspielende 6 | 10 Min.

In einem Becken wird auf kleinem Feld in kleinen Mannschaften (3 gegen 3) oder auch mit grösseren Mannschaften (6 gegen 6) gespielt. Der Ball muss in einen Wäschekorb am Beckenrand geworfen werden.

Variation

- *Die zwei Mannschaften spielen auf zwei auf dem Wasser schwimmende Körbe (Wasserkorbball).*

1 Ball, 2 Wäschekörbe

Wasserbiathlon (Einzelwettbewerb)

Durchführungsort | Minimum Mitspielende 4 | 10 Min.

Jede und jeder schwimmt eine bestimmte Strecke (z. B. eine Längsbahn) und nimmt dabei einen Wasserball mit. Von einem Mal am Ende der Strecke aus, muss getroffen werden. Als Ziele dienen Schwimmbretter, die an Startblöcke gelehnt werden. Wer das Ziel trifft, darf sofort mit dem Ball zurückschwimmen. Wer nicht trifft, muss eine Querbahn als Strafrunde schwimmen. Gewonnen hat jene Person, welche die Strecke am schnellsten geschwommen ist.

Variationen

- *3 Ziele müssen getroffen werden. Jeder Fehlschuss hat eine Strafrunde zur Folge.*
- *Als Ziele können dienen: 1. Schuss auf Wäschekorb, 2. Schuss auf Schwimmbrett und 3. Schuss auf einen Pullboy.*
- *Alle drei Ziele müssen getroffen werden. Bei Fehlschüssen erhält man aber zwei zusätzliche Schussmöglichkeiten. Erst zusätzliche Fehlschüsse müssen nun mit Strafrunden kompensiert werden.*

Pro Person 1 Ball und 1 Zielobjekt (Schwimmbrett)

Wasservolleyball

Durchführungsort | Minimum Mitspielende 10 | 10 Min.

Das gleiche Spiel wie Ball über die Schnur, nur muss die Technik des Volleyballs (Anschlag, oberes und unteres Zuspiel, Blocken und Schmettern) im Spiel angewendet werden.

Dieses Spiel sollte zuerst im Lehrschwimmbecken geübt werden.

1 Ball , 1 Leine

Wasserbiathlonstaffel

Durchführungsort | Minimum Mitspielende 6 | 10 Min.

Zwei oder mehrere Staffeln schwimmen gegeneinander wobei zuerst ein Wasserball über eine bestimmte Strecke zu transportieren ist, mit dem von einem Mal aus ein Ziel zu treffen ist. Diese Ziele können z. B. Schwimmbretter sein, die auf Startblöcken aufgestellt werden. Falls das Ziel getroffen ist, darf der Schwimmer oder die Schwimmerin sofort mit dem Ball zurückschwimmen und den Ball dem nächsten übergeben. Wer nicht trifft muss eine Querbahn als Strafrunde schwimmen. Gewonnen hat die Mannschaft, die diesen Parcours zuerst mit allen Mitgliedern einmal oder zweimal durchschwommen hat.

Pro Gruppe 1 Ball und 1 Zielobjekt

Unterwasserrugby

Durchführungsort | Minimum Mitspielende 15 | 20 Min.

Unterwasserrugby ist ein offizielles Wettkampfspiel, das nach folgenden Regeln gespielt wird:

- *Spielfeld*
  Schwimmbecken von 3,5–5 m Tiefe.
- *Spielfeldgrösse*
  Das Spielfeld ist zwischen 8–12 m breit und 12–18 m lang.
- *Mannschaften*
  Jede Mannschaft hat 5 Feldspieler und einen Torwart. Dazu kommen fünf Auswechselspielende. Die Mannschaften sind durch unterschiedliche Badekappen mit integrierten Ohrenschützen und farblich zu unterscheidenden Badehosen gekennzeichnet.
- *Spielidee*
  Die Mannschaften versuchen, einen mit Salzwasser gefüllten Unterwasserball in den gegnerischen Korb, der auf dem Bassinboden steht, zu befördern. Alle Spielenden tragen Flossen, Taucherbrillen und Schnorchel. Nur der ballführende Spielende darf angegriffen werden, um den Ball zu erobern. Unsportliches Verhalten (Treten, Würgen, Wegreissen der Ausrüstungsgegenstände usw.) ist verboten und wird mit Strafstoss und/oder Zeitstrafe geahndet. Hat der ballführende Spielende keine Luft mehr, muss er den Ball unter Wasser passen oder fallen lassen, um auftauchen zu können. Der Ball muss immer unter der Oberfläche bleiben.

Pro Person Schwimmflossen, evtl. Taucherbrille und Schnorchel, 1 Unterwasserball, Badekappen, 2 Körbe

Lebendiger Korb

Durchführungsort | Minimum Mitspielende 10 | 10 Min.

Zwei Mannschaften spielen gegeneinander. Jede Mannschaft hat einen „Torwart" am Beckenrand, der den ihm zugeworfenen Ball in einem Korb (Wäschekorb) auffangen muss. Jeder gefangene Ball bedeutet einen Punkt. Der Torwart muss am Ort stehen oder er darf sich mit dem Korb bewegen.

1 Ball, 2 Wäschekorbe (oder Reifen), Badekappen

Vierfeld-Volleyball

Durchführungsort | Minimum Mitspielende 8 | 10 Min.

Das Schwimmbecken wird mit zwei Zauberschnüren (Leinen) in vier gleich grosse Felder aufgeteilt. In jedem Feld finden sich 2–4 Spielende als Mannschaft zusammen. Jede Mannschaft spielt gegen jede andere Mannschaft. Die Mannschaft in Ballbesitz kann entscheiden, in welches der gegnerischen Felder der Ball gespielt wird.

Zur Einführung kann zunächst nach den Spielregeln „Ball über die Schnur", später nach den Volleyballspielregeln gespielt werden.

1 Ball, 2 Leinen

Volleyballtennis

Durchführungsort | Minimum Mitspielende 10 | 10 Min.

Es wird nach den offiziellen Volleyball-Spielregeln gespielt. Techniken, Gruppengrösse und Regeln sind wie im Wasservolleyball, jedoch darf der Ball nur mit dem Schwimmbrett gespielt werden.

Pro Person 1 Schwimmbrett, 1 Ball

Weitere Spielformen im Wasser

Viele Mannschaftsspiele vom Land können ins Wasser übertragen werden. Weitere Beispiele sind:

- American Water-Football
- Aqua-Baseball
- Unterwasserhockey

6 Spiele in Naturgewässern

Hinweis:
Spiele im Bach finden sich auch im Kapitel „Wasserspiele für Nichtschwimmer und -schwimmerinnen“. Beachten Sie jeweils das Piktogramm „Bach“ ∿∿→.

Spiele mit Luftmatratzen

Schiffswechsel

Durchführungsort | Minimum Mitspielende 6 | 10 Min.

In diesem Spiel werden 2 Luftmatratzen in einem Abstand von zirka 15 m auf das Wasser gelegt und zwei 3er-Gruppen gebildet. Immer zwei Gruppen spielen gegeneinander und setzen sich auf eine Luftmatratze. Auf ein Kommando hin muss jede Gruppe so schnell wie möglich von der Luftmatratze herunterspringen, zur 15 m entfernten Luftmatratze der Gegengruppe schwimmen und dort wieder hinaufklettern. Die Gruppe, deren Mitglieder als erste wieder stabil auf ihrem neuen Schiff sitzen, hat gesiegt. Welche Gruppe hat nach einer Anzahl Durchgängen die meisten Siege erlangt?

4 Luftmatratzen

Luftmatratzen-Tauziehen

Durchführungsort | Minimum Mitspielende 6 | 5 Min.

Drei Spielende sitzen jeweils dicht hintereinander auf einer der beiden Luftmatratzen, die vielleicht 10 m voneinander entfernt sind. Von Gruppe zu Gruppe wird ein Tau gespannt. Jede Gruppe versucht nun, die eigene Matratze über die Markierung in der Mitte hinauszuziehen. Fällt eine Person ins Wasser, so hat deren Mannschaft verloren.

2 Luftmatratzen, 1 Tau

Fischerwettkampf

Durchführungsort | Minimum Mitspielende 8 | 10 Min.

Zwei Mannschaften kämpfen auf zwei Luftmatratzen gegeneinander, wobei in mehreren Durchgängen jeweils ein Mitglied der einen Mannschaft gegen eines der anderen antritt. Wer die gegnerische Person von der Luftmatratze stossen kann, erhält den Punkt. Die Mannschaft, die zum Schluss die meisten Punkte hat, gewinnt.

Variation

- *Beide Spieler erhalten eine gepolsterte Lanze (alter Besenstiel mit Badetuch am Ende) und versuchen, die gegnerische Person damit von der Matratze zu stossen.*

2 Luftmatratzen

Luftmatratzenstaffel

Durchführungsort · Minimum Mitspielende 8 · 5 Min.

Es werden 4er-Gruppen gebildet. Je zwei Mitspielende setzen sich auf die Matratze und die beiden anderen strampeln mit den Beinen als Aussenbordmotor und schieben die Luftmatratze um ein Wendemal (Punkt) herum und wieder zurück. Anschliessend werden die Rollen getauscht.

Variationen

- *Eine Person sitzt immer auf der Luftmatratze und eine Person betätigt sich als Motor, beim Wendepunkt werden die Rollen getauscht.*
- *Eine Person schwimmt voraus und zieht die Luftmatratze und die sich darauf befindende Person hinter sich her.*

2 Luftmatratzen (1 pro Gruppe)

Walfängerboot kentern

Durchführungsort · Minimum Mitspielende 12 · 10 Min.

Luftmatratzen werden als Walfangschiffe verwendet. Jedes Walfängerboot hat eine Besatzung von drei Personen. Die angreifenden Wale, ebenfalls drei Personen, tauchen jetzt aus etwa 10 m Entfernung ohne aufzutauchen zur Luftmatratze heran und versuchen, diese zusammen mit den drei darauf sitzenden Matrosen umzustossen. Wenn das gelingt, können sie das Boot übernehmen und die Matrosen werden zu Walen.

1 Luftmatratze pro 3er-Gruppe

Hindernisparcours

Durchführungsort · Minimum Mitspielende 6 · 10 Min.

3–5 Teilnehmende bilden eine Mannschaft. Jede Mannschaft ist im Besitz einer Luftmatratze. Jedes Mannschaftsmitglied muss mit der Luftmatratze den Parcours auf dem Land und im Wasser absolvieren und die Matratze dann an die nächste Person weitergeben.

Hindernisse: Laufstrecke mit Matratze auf dem Kopf; Gruben mit Matratzen unter den Armen überqueren; eine Strecke schwimmend die Matratze vor sich her schieben; eine weitere Strecke auf der Matratze sitzend mit den Armen paddeln usw.

Pro Gruppe 1 Luftmatratze

Notbrücke

Durchführungsort | Minimum Mitspielende 8 | 10 Min.

2 Mannschaften spielen um den Sieg. Jede Mannschaft hat eine Luftmatratze zur Verfügung. Die gesamte Mannschaft muss in einer oder mehreren Fahrten zur anderen Seite übergesetzt werden. Wer ins Wasser fällt, muss zurückschwimmen und warten, bis ein Gruppenmitglied mit der Matratze zurückkommt.

Variationen

- *Die Luftmatratze darf nur mit den Armen fortbewegt werden.*
- *Auch die Beine dürfen als Aussenbordmotor genutzt werden aber der gesamte Rumpf bis und mit Badehosen muss auf der Matratze bleiben.*

2 Luftmatratzen (1 Luftmatratze pro Gruppe)

Luftmatratzenrennen

Durchführungsort | Minimum Mitspielende 4 | 10 Min.

Mehrere Luftmatratzen liegen auf einer Startlinie. 2–3 Personen setzen sich rittlings auf die Matratze. Auf das Startzeichen hin paddeln die Crews so schnell wie möglich auf der Luftmatratze bis zum Wendepunkt und wieder zur Startlinie (Ufer) zurück. Wenn jemand während der Fahrt von der Luftmatratze herunterfällt, muss sofort gestoppt werden. Erst wenn wieder alle Spielenden auf der Luftmatratze sitzen, geht es weiter.

Variation

- *Nicht auf der Matratze sitzen, aber jedes Crew-Mitglied muss mindestens die Arme oder Beine auf der Matratze haben.*

2 Luftmatratzen (1 Luftmatratze pro Gruppe)

Schiffe entern

Durchführungsort | Minimum Mitspielende 4 | 10 Min.

2 Luftmatratzen liegen als verlassene Schiffe auf dem Wasser. 2 Gruppen (je 2–4 Mitspielende) versuchen, dieses Schiff zu entern. Welche Gruppe schafft es als erste, stabil auf dem Schiff zu sitzen? Es ist erlaubt, sich gegenseitig an der Besteigung zu hindern. Strikt verboten ist es, andere Personen unter das Wasser zu tauchen.

2 Luftmatratzen (pro 2–4 Personen eine Luftmatratze)

Eskimorolle

Durchführungsort | Minimum Mitspielende 2 | 10 Min.

Eine Person sitzt auf der Matratze und umklammert mit den Beinen und Armen die Matratze. Mit einem kräftigen Schwung wirft sich die Person auf eine Seite. Die Umklammerung der Matratze darf beim Eintauchen noch nicht gelöst werden. Dank dem Schwung kommt man mit dem Kopf auf der anderen Seite wieder aus dem Wasser. In diesem Moment einen Arm loslassen und kräftig mit mehreren Armzügen die Umdrehung der Matratze vollenden. Wichtig ist, dass in der Drehung kein Unterbruch entsteht und sich die Matratze immer in Drehung befindet.

Variation

- *Im Wettkampf messen sich Gruppen mit 3–5 Mitgliedern. Jedes Gruppenmitglied dreht so viele Rollen ohne Unterbrechung, wie es kann. Gezählt wird das Total aller Rollen.*

1 Luftmatratze

Luftmatratzenwettlauf

Durchführungsort | Minimum Mitspielende 8 | 15 Min.

4–8 Luftmatratzen werden hintereinander festgebunden. So entstehen zwei 6–10 m lange Stege auf dem Wasser. Am Anfang jedes Steges steht eine Gruppe von etwa 4 Mitspielenden. Die beiden vordersten klettern je auf ihren Luftmatratzensteg und versuchen, über sämtliche Luftmatratzen zu steigen, ohne ins Wasser zu treten oder zu fallen. Am Ende springen sie ins Wasser und tauchen unter den Luftmatratzen durch wieder zu ihrer Gruppe zurück. Kommen sie zur Startlinie, kann die nächste Person der Gruppe starten. Falls eine Person von der Luftmatratze herunterfällt, muss sie zurückschwimmen und noch einmal am Anfang des Matratzenstegs beginnen. Sieger des Wettkampfes ist die Gruppe, bei der alle Spielenden die Aufgabe zuerst bewältigt haben.

Variation

- *Auf allen Vieren über den Steg kriechen.*

8–16 Luftmatratzen

Spiele mit Material

Schlauch-Rugby

Durchführungsort | Minimum Mitspielende 10 | 10 Min.

2 Lastwagenschläuche mit blauen oder roten Markierungen dienen als Tore. Zwei Gruppen (blau und rot) müssen einen Ball durch den gegnerischen Lastwagenschlauch hindurchbringen. Jeder Schlauch darf im eigenen Bereich von der eigenen Mannschaft frei verschoben werden. Das Zielloch darf nur „abgedeckt" aber nicht „verstopft" werden. (Niemand darf sich auf den Schlauch legen.) Wer den Ball in den Händen hält oder den Schlauch berührt, darf unter das Wasser getaucht werden. Sobald aber Schlauch oder Ball losgelassen werden, ist kein Körperangriff mehr erlaubt. Wer jemanden trotzdem unter das Wasser drückt, muss als Strafe eine Minute aus dem Wasser.

2 Lastwagenschläuche, 1 Wasserball

Plastiksackpuzzle

Durchführungsort | Minimum Mitspielende 6 | 10 Min.

Pro Gruppe wird ein Plastiksack in 6 etwa gleich grosse Teile zerschnitten. Die einzelnen Plastiksäcke sollten sich in der Farbe klar unterscheiden. Fünf Teile werden im klaren See oder im Becken verstreut. Der jeweilige sechste Teil wird je einer Gruppe zugelost. Jede Gruppe (3–7 Personen) taucht nun nach den Teilen ihres Sackes. Welche Gruppe hat an Land den Plastiksack als erste zusammengesetzt?

Pro Gruppe 1 Plastiksack, 1 Schere

Steine suchen

Durchführungsort | Minimum Mitspielende 6 | 15 Min.

Die farbigen Steine (selber bemalt) werden in untiefem Wasser verstreut. Jede Gruppe muss so schnell wie möglich die Steine ihrer Farbe (z. B. alle roten Steine) auf eine 20 Meter entfernte „Insel" (Brett/Matratze) retten. In 3er-Gruppen beginnen alle gleichzeitig mit der Suche der Steine. Gefundene Steine müssen einzeln zur entsprechenden „Insel" gebracht werden. Welche Gruppe hat zuerst 15 Steine auf der eigenen Insel?

Pro Gruppe 20 gleichfarbige Steine,
1 Schwimmbrett/Matratze

Baywatch-Schatzsuche

Durchführungsort | Minimum Mitspielende 6 | 10 Min.

Ein Postenparcours wird so angelegt, dass jede Person erst am aktuellen Posten den Standort des nächsten Postens erfährt. Die Posten sollen so beschrieben werden, dass sie nach kurzer Suche gefunden werden. Posten-Aufgaben: Gefüllte Petflasche aus dem Wasser herausholen; von einer Leine, die über das Wasser gespannt ist, einen Ballon pflücken; ein Fünf-Rappen- oder Pfennigstück am Ufer oder ein grünes Badetuch in einer Hecke suchen usw. Zwischen den einzelnen Posten ist eine bestimmte Strecke schwimmend oder watend zurückzulegen. Der Parcours kann mit Zeitmessung absolviert werden.

Diverses Material (Petflasche, 5 Rappen- oder Pfennigstück, Leine, Luftballon, Badetuch usw.)

Schatzsuche

Durchführungsort | Minimum Mitspielende 6 | 15 Min.

Es werden 2 Mannschaften gebildet. Jede Mannschaft erhält zehn Schatzstücke, die sie in einem begrenzten Gebiet auf dem Grund des Sees (Tiefe dem Können der Teilnehmenden anpassen) vergraben sollen. Wo ein Schatz vergraben ist, wird ein kurzes Hölzchen hineingesteckt. Auch Attrappenorte dürfen mit einem Hölzchen bezeichnet werden. Welches Team hat zuerst acht der zehn Schätze geborgen, welche die andere Mannschaft versteckt hat?

Pro Gruppe 10 Schatzteile (Muscheln, farbige Steine usw.)

Wasserrutschbahn

Durchführungsort | Minimum Mitspielende 6 | 10 Min.

Eine 2 m breite und 10–20 m lange Bauplastikbahn (aus möglichst robustem Plastik) wird so an ein abfallendes Ufer gelegt, dass direkt ins Wasser gerutscht werden kann. Die Bahn muss benetzt werden (Eimer mit Wasser). Der Untergrund sollte Gras oder Sand sein. Mit Anlauf stehend, sitzend oder liegend (bäuchlings) rutschen!

Achtung

- Keine Steine in unmittelbarer Nähe der Rutschbahn. Das Seeufer muss auch im Wasser nach Steinen abgesucht werden!
- Die Plastikbahn bis ins tiefere Wasser hinausziehen.

1 Bauplastik (10–20 m lang), 2 Eimer

Aqua-Frisbee-Golf

Durchführungsort | Minimum Mitspielende 4 | 15 Min.

Es wird ein 9-Loch-Parcours um Hindernisse und quer über das Wasser so angelegt, dass das nächste Loch (Fähnchen, Korb, Autoreifen) in 3 Würfen geschafft werden kann (Distanz 20–80 m). Alle Teilnehmenden erhalten einen Frisbee und starten beim ersten, zweiten, ... Loch je in Gruppen von 2 bis 6 Personen. Wer schafft den ganzen Parcours mit den wenigsten Würfen? Jede Person innerhalb der Gruppe zählt die Würfe einer anderen.

Pro Person 1 Frisbee, Fähnchen, Vogelband

Tarzan

Durchführungsort | Minimum Mitspielende 6 | 30 Min.

In einigen Schwimmanlagen sind Haken unter dem Sprungturm oder unter der Decke angebracht. In der freien Natur eignen sich für Tarzans Lianenschwung Bäume mit starken Ästen am Seeufer oder an Flüssen. In 3–5 m Höhe wird ein Tau befestigt. Von einer erhöhten Startposition aus schwingt sich einer nach dem anderen in ein Zielgebiet über dem Wasser und lässt sich dort ins Wasser fallen.

Variationen

- *Während des Schwingens muss ein zugeworfener Ball weggetreten werden.*
- *Sich über ein Hindernis (Poolnoodles) hinüberschwingen.*
- *Nach einem speziellen Kunstsprung am Ende des Schwingens ins Wasser tauchen.*

Sicherheit

- Die Teilnehmenden dürfen nicht direkt in den Schwungbereich des Taus zurückschwingen.
- Die ganze Schwungstrecke unter dem Seil muss eine genügende Wassertiefe haben.
- Die Befestigung muss gut geprüft sein.

1 Tau oder dickes Seil (evtl. mit Knoten zum Halten)

Spiele mit Schlauchboot

Seiltänzer

Durchführungsort | Minimum Mitspielende 6 | 10 Min.

Im Schlauchboot stehend versuchen, 20–40 m weit auf dem See zu rudern. Als Hilfe können 2 Personen links und rechts am Bootsrand anfassen und das Boot so stabilisieren. Wer schafft die weiteste Strecke, ohne ins Wasser zu fallen?

1 Schlauchboot mit Paddel pro Gruppe, Schwimmweste pro Seiltänzer

Boot abschleppen

Durchführungsort | Minimum Mitspielende 4 | 10 Min.

2 Boote werden zusammengebunden und je mit 2 Personen besetzt. Die beiden im vorderen Boot müssen das hintere Boot mit den beiden ruhig dasitzenden Passagieren abschleppen. Am Wendepunkt werden die Rollen getauscht. Welches Team hat die Strecke schneller bewältigt?

2 Schlauchboote mit Paddel, Schwimmweste pro Person

Blindenfahrt

Durchführungsort | Minimum Mitspielende 4 | 10 Min.

Immer zwei Personen sitzen in einem Schlauchboot. Eine Person hat die Augen verbunden und soll eine bestimmte Strecke paddeln. Die zweite Person führt die blinde Person mit verbalen Erklärungen. Anschliessend werden die Rollen gewechselt.

2 Schlauchboote mit Paddel, Schwimmweste pro Person

Paddelfangen

Durchführungsort | Minimum Mitspielende 6 | 10 Min.

Fangen mit einer Gruppe von 3–8 Booten. In jedem Boot sitzen zwei Personen mit Paddel. Eine Bootsbesatzung fängt. Wenn sie mit ihrem Paddel ein Boot einer anderen berührt, gilt das Boot als erobert. Die Gefangenen müssen ihr Paddel in die Höhe halten. Sie können durch einen Paddeltausch mit einer noch „freien" Bootsbesatzung erlöst werden.

Variation

- *Wer gefangen wird, übernimmt die Rolle des fangenden Boots.*

3 Schlauchboote, Paddel, Schwimmwesten

Bootswechsel auf See

Durchführungsort | Minimum Mitspielende 4 | 10 Min.

Auf hoher See muss von einem Boot in ein anderes umgestiegen werden, ohne ins Wasser zu fallen. 2 Boote fahren parallel aneinander und suchen die geschickteste Position, um die Plätze zu tauschen, ohne dabei nasse Füsse zu kriegen.

2 Schlauchboote mit Paddel

Schnappball im Boot

Durchführungsort | Minimum Mitspielende 12 | 10 Min.

In jedem Boot sitzen zwei Personen. Vom Boot aus spielen sich die Besatzungen einen Gegenstand zu, wie z. B. Frisbee, Tennisball, Rugbyball, Wassersack. 2 Mannschaften mit je 2 bis 3 Booten müssen sich je zehn fehlerfreie Pässe zuspielen. Fällt der Gegenstand ins Wasser, so erhält ihn die gegnerische Mannschaft. Die Ballbesitzenden dürfen nur gestossen oder weggezogen, jedoch nicht geschlagen werden.

6 Boote mit Paddel, 1 Wurfgegenstand (Ball, Frisbee usw.)

Seeüberquerung

Durchführungsort | Minimum Mitspielende 8 | 45 Min.

Bemerkung: pro 12 Teilnehmende 1 Aufsichtsperson im Boot mit Lebensrettungsausweis.

Checkliste für die Planung:

- Ausschreibung mit Datum (Verschiebedatum), Ort und Zeit
- Teilnahmebedingungen: beispielsweise muss 500 m am Stück geschwommen werden können (dies schriftlich durch Unterschrift bestätigen lassen oder Test durchführen)
- Schriftliche Information an Gemeinde, Wasserpolizei, Notfallarzt
- Suche nach Begleitpersonen und RettungsschwimmerInnen
- Nummerierte Badekappen organisieren
- Kontrolle der schriftlichen Bestätigungen der Teilnehmenden
- Sitzung mit den helfenden Personen über den Umgang mit Boot und Rettungsgeräten, den Materialtransport etc.
- Material kontrollieren: Boote, Badekappen oder nummerierte Luftballons, Wurfsack, Rettungsring oder Rettungsball, Funk oder Handy, Wolldecken, warme Getränke etc.
- Letzte Informationen an Teilnehmende (mit einer Telefonnummer die über die Durchführungsentscheidung informiert) versenden

Checkliste für die Durchführung:

- Entscheid über Durchführung/Verschiebung (Wasser muss mind. 19 °C haben, evtl. mit Wasserpolizei nochmals besprechen, Wetterprognosen berücksichtigen)
- Boote und Rettungsmaterial bereitstellen und nochmals kontrollieren
- Teilnehmerliste mit den entsprechenden Nummern der nummerierten Badekappen (Luftballons) beim Abgeben eintragen
- Kleider der Teilnehmenden für Materialtransport in angeschriebenen Sporttaschen entgegennehmen
- Letzte Informationen über Verhaltensregeln bekanntgeben
- Start in 2er-Gruppen in der Nähe des zugeteilten Boots
- Die Badekappen (nummerierte Ballone) beim Verlassen des Wassers zurücknehmen und auf der Teilnehmerliste streichen
- Hinweis auf warme Getränke und Kleiderdepot geben
- Zum Abschluss alle Teilnehmenden an einem gemeinsamen Platz versammeln
- Alles Material kontrollieren
- Sich bei allen Helfenden bedanken
- Material zum Trocknen deponieren
- Auswertung mit den Teilnehmenden/Helfenden

1 Begleitboot pro max. 12 Teilnehmende, Wurfsack oder Rettungsring, Rettungsball

Spiele am Fluss

Strömung erleben

Durchführungsort | Minimum Mitspielende 1 | 10 Min.

Unerfahrene müssen zuerst in einem leicht fliessenden Gewässer Schwimmerfahrungen sammeln. Die Beteiligten sollen, mit einem vor sich gehaltenen Gegenstand (Ball, Brett, Schwimmweste) versuchen, in der Strömung nicht abgetrieben zu werden.

Sicherheit

- *Flussabwärts, knapp über das Wasser ein Seil spannen.*
- *Eine Aufsichtsperson mit einem Wurfsack und Rettungsball bereitstellen.*

Pro Person 1 schwimmender Gegenstand (Ball, Ente usw.)

Flussüberquerung

Durchführungsort | Minimum Mitspielende 2 | 10 Min.

Wird ein Fluss mit leichter Strömung überquert, schwimmen immer 2 Personen zusammen, um sich gegenseitig zu überwachen. Gleichzeitig beobachtet eine dritte Person, etwas unterhalb am Ufer, die Schwimmenden. Sie hat einen Wurfsack oder Rettungsball bei sich, um eine optimale Sicherheit gewährleisten zu können.

Wer erreicht den zuvor festgelegten Ort am gegenüberliegenden Ufer?

Sicherheit

- *Die Teilnehmenden können gut schwimmen und der Fluss hat eine schwache Strömung.*

1 Wurfsack

Tubing

Durchführungsort | Minimum Mitspielende 1 | 20 Min.

Jede und jeder setzt sich, wie in einem Liegestuhl, auf seinen Lastwagenschlauch und nimmt ein Paddel zur Hand. Es empfiehlt sich, einen Neopren-Anzug oder ein T-Shirt anzuziehen, da das Wasser oft kalt ist. Mit dem Paddel kann das „Boot" gelenkt werden und man vermag immer wieder rechtzeitig aus dem Wasser zu steigen.

Sicherheit

- *Aufsichtsperson läuft am Flussufer mit (immer auf Höhe der vordersten Boote) und hält einen Wurfsack bereit.*

Pro Person: 1 Lastwagenschlauch, 1 Paddel, 1 Schwimmweste, 1 Helm, 1 Wurfsack, evtl. Neopren-Anzug

Konvoi

Durchführungsort Minimum Mitspielende 6 10 Min.

Jede und jeder braucht einen Schwimmgegenstand (Luftmatratze, Lastwagenschlauch, Boot etc.). Alle besteigen ihr Gefährt und zwar so, dass jede Person einen Fuss der vorderen umfassen kann. Nun versuchen alle als gemeinsames Gefährt mit der freien Hand und dem freien Bein eine bestimmte Strecke zurückzulegen, ohne dass ein Boot kentert oder das Gebilde auseinanderbricht.

Sicherheit

- *Boote oder Flosse nie zusammenbinden (sehr gefährlich).*
- *Flusssignale beachten.*
- *Brückenpfeiler oder Wehre weit umfahren.*

Pro Person einen Schwimmgegenstand, Schwimmweste

Flussschwimmen

Durchführungsort Minimum Mitspielende 6 20 Min.

Pro Person 1 Wassersack
Bei Wildflüssen: 1 Schwimmweste, 1 Helm, evtl. Neopren-Anzug.
Die Teilnehmenden schwimmen im Fluss abwärts oder lassen sich auf einem Autoreifen treiben. Hat der Fluss einen tiefen Wasserstand, so sollte die sitzende Position eingenommen werden. In einem Wassersack können alle Kleider mitgenommen werden. Mit einem Wassersack ist jede Person zugleich besser sichtbar.

In Naturflüssen muss eine Schwimmweste und ein Helm getragen werden. Empfehlenswert ist ein T-Shirt oder ein Neopren-Anzug, da das Wasser oft zu kalt ist.

Sicherheit

- *In der Nähe des Flussufers schwimmen.*
- *Auf Schiffe achten und frühzeitig ausweichen.*
- *Immer in Gruppen schwimmen.*

Pro Person 1 Wassersack
Bei Wildflüssen: 1 Schwimmweste,
1 Helm, evtl. Neopren-Anzug

Schiff versenken

Durchführungsort | Minimum Mitspielende 6 | 20 Min.

Eine Gruppe von 2–4 Spielenden baut sich ein Schiff oder Minifloss. Jede und jeder platziert auf das Flussgefährt der Gruppe seine Kerze sichtbar, aber gegen Wasserspritzer geschützt. Je ein Mitglied jedes Teams bringt das Schwimmmodell an einer bestimmten Stelle in die Flussmitte, ohne dass die brennenden Kerzen erlöschen. Die anderen Mitglieder stehen in einer vorgegebenen Zone (Ufer) bereit und versuchen durch gezielte Würfe mit Tannenzapfen oder Steinen die Kerzen zu löschen. Auf welchem Boot brennt am längsten mindestens eine Kerze? Wenn möglich sollte dieses Spiel in der Nacht veranstaltet werden.

Variante

- *In einem unruhigen Bach werden die Boote nicht beworfen. Es geht darum, dass das Boot möglichst weit mit einer brennenden Kerze fährt.*

Sicherheit

- *Flussabwärts ist eine Aufsichtsperson mit Wurfsack.*

Schnur, Kerzen, Streichhölzer und Baumaterial (Holz, Korken, Karton, ...)

7 Floss, Gummiboot

Vorbereitung

Hilfsmittel zur Planung

- Gewässerkarte 1 : 400'000
- Flussführer der Schweiz und benachbartes Ausland:
  Erhältlich bei Schweiz. Kanu-Verband, Ziegelackerstrasse 84, CH-4313 Möhlin, Telefon 061 851 20 00
  Web: www.swisscanoe.ch

Der Flussführer enthält 105 Flussbeschreibungen mit Hindernissen und Erschwerungen. Die Gewässerkarte bietet eine gute Übersicht mit der Einteilung der Flüsse in Schwierigkeitsgrade. Für Flossfahrten ist nur Zahmwasser und die Schwierigkeitsgrade 1 und teilweise 2 geeignet.

Dauer

Längere Floss- oder Schlauchbootunternehmungen sind nicht einfach durchzuführen, da es praktisch keine längeren geeigneten Flüsse dazu gibt. Eine gemütliche Fahrt auf einem Floss ist zwar sehr entspannend, über mehrere Tage wird es jedoch ziemlich langweilig. Die Dauer einer Flossfahrt oder einer Teilstrecke sollte eine bis zwei Stunden nicht überschreiten, danach lässt die Aufmerksamkeit nach.
Es ist also sinnvoll eher kürzere Flossfahrten durchzuführen. Diese lassen sich gut in eine andere Unternehmung einbetten. Grösster Nachteil ist dabei der grosse Materialaufwand beim Flossbau und der nur begrenzt mögliche Materialtransport auf dem Floss. Auf ein Begleitfahrzeug kann praktisch nicht verzichtet werden. Dieses soll möglichst sparsam nur für diesen einen Tag eingesetzt werden.

Jahreszeit

Ideale Zeiten bezüglich Wassertemperatur und Wasserstand sind die Monate Juli bis August (evtl. September). Alpenflüsse sind grundsätzlich immer zu kalt.

Wetter

Für Floss- oder Schlauchbootfahrten muss das Wetter schön sein. Bei Gewittern die Flossfahrt unverzüglich abbrechen! Vor dem Aufbruch oder zumindest vor dem Bau der Flosse die Situation noch einmal genau abklären. Auch bei Hochwassergefahr die Unternehmung abbrechen.

Gepäck

In den seltensten Fällen kann das ganze Gepäck auf das Floss genommen werden, ausser bei Tagesausflügen. Eine Kombination mit Fahrrädern oder Gepäcktransport per Bahn ist sinnvoll. Wenn es nicht anders möglich ist, wird ein Auto eingesetzt.

Erkunden

Für die Durchführung einer Floss- oder Schlauchbootfahrt ist eine Planung nur auf Grund der Karte nicht ausreichend. Ein Erkunden ist zwingend. Hindernisse müssen auf die Karte übertragen werden, damit sie vor der Durchführung allen bekannt gegeben werden können. Bei Unsicherheiten helfen Seepolizei, Schifffahrtsämter und Kanuklubs weiter.

Zeiten berechnen

Die Fahrzeit für Flosse ist abhängig von der Strömungsgeschwindigkeit; diese wiederum von Gefälle, Flussbreite und -tiefe, Wassermenge und Flussbett. Ein Mittellandfluss hat eine Strömung von 4–8 km/Std. (1–2 m/Sek.). Allerdings haben kanalisierte Strecken bedeutend höhere Strömungen, beispielsweise die Aare von Thun nach Bern rund 15 km/Std. (4 m/Sek.).
Nicht zu unterschätzen ist die Zeit, welche für das Aufblasen der Lastwagenschläuche und die Konstruktion des Flosses gebraucht wird. Bis alles bereit ist für die Flossfahrt, sind rasch einige Stunden vergangen! Bei Flossfahrten von über einer Stunde muss eine Pause eingerechnet werden.

Flossbau

Der Bau eines Flosses ist speziell reizvoll. Der Materialaufwand ist aber ziemlich gross, besonders für grössere Gruppen. Oft ist es dann sinnvoll, nur ein Floss zu bauen und unterwegs immer wieder die Besatzung zu wechseln, damit alle einmal auf dem Floss waren. Wer auf dem Floss keinen Platz hat, ist bis zur Übergabe des Flosses an seine Gruppe zu Fuss oder mit dem Fahrrad unterwegs oder nimmt in einem begleitenden Schlauchboot Platz.
Zwei Typen von Flossen können unterschieden werden: Flosse mit Auto- oder besser Lastwagenschläuchen und solche mit Plastikbehältern oder -fässern. Beim Bau muss bereits wieder an das Auseinandernehmen gedacht werden. Seile ziehen sich im Wasser zusammen und lassen sich dann nur mehr schwer lösen!
Auf einem grossen Floss ist eine gute Organisation wichtig, weil 6 bis 8 Personen ein ziemliches Durcheinander produzieren können.

Flosse mit Auto- oder Lastwagenschläuchen

Vorteile

+ Wenig Material und kein Werkzeug notwendig. Alles kann mit öffentlichen Verkehrsmitteln transportiert werden. Die Schläuche werden am Startort in einer Garage aufgepumpt und dann zum Wasser getragen, was aber viel Zeit beansprucht.
+ Wenig Gewicht und geringer Tiefgang.

Nachteile

– Schläuche können an Hindernissen zerreissen.
– Schwerfällig zum Steuern und ungünstig zum Paddeln in stehendem Gewässer.

Material

Lastwagenschläuche sind nicht mehr einfach zu erhalten, da heute die meisten Lastwagen eine Bereifung ohne Schläuche haben. In Pneuhäusern sind solche noch am ehesten erhältlich. Um diese zusammenzubinden eignen sich alte Seile oder Fahrradschläuche. Alte Fahrradschläuche bieten den Vorteil, dass sie am Schluss zerschnitten werden können. Keinesfalls dürfen Schnüre verwendet werden, diese schneiden ein.
Zur Stabilisierung werden schmale Bretter oder nicht zu dicke Kanthölzer verwendet.

Anzahl Personen:	2 bis 3 Personen mit Paddeln oder Stangen
Material:	3 Schläuche, Seile, alte Fahrradschläuche, 4 Bretter
Bemerkung:	Sehr schlecht zu steuern.

Anzahl Personen: 6 bis 8 Personen mit Paddeln oder Stangen
Material: 8 Schläuche, Seile, alte Fahrradschläuche, 7 Bretter
Bemerkung: Dieses Floss lässt sich gut erweitern und abwandeln.

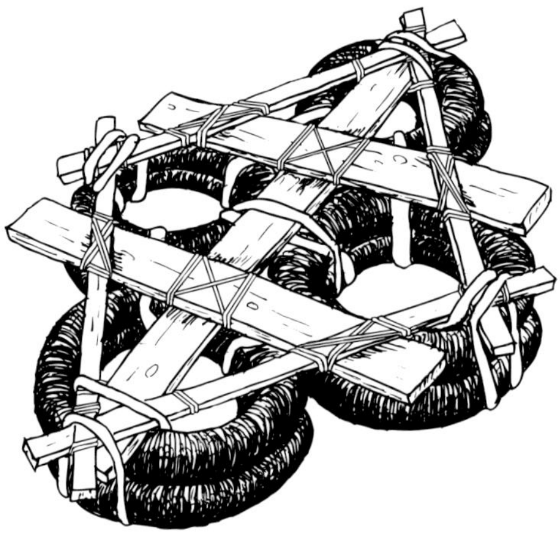

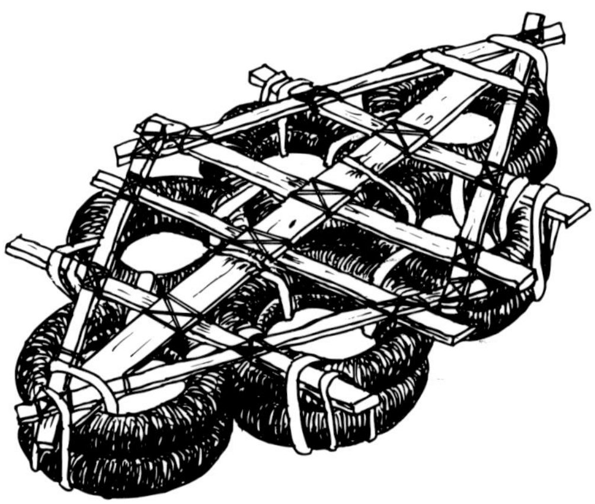

Vorschriften Binnenschifffahrtsgesetz
Wenn ein Floss eine bestimmte Grösse hat, muss für die Fahrt eine Bewilligung beim entsprechenden Schifffahrtsamt eingeholt werden. Die Vereinigung der Kantonalen Schifffahrtsämter geben dazu eine Richtlinie heraus, die Ende 1998 überarbeitet wurde. Diese ist unter der Telefonnummer +41 (0)31 350 83 83 erhältlich. Bis 1998 galt:
Bewilligungspflichtig sind alle Flossfahrten auf öffentlichen Gewässern, bei denen Schwimmkörper eingesetzt werden, die der Fortbewegung dienen und deren Länge 2.5 m und mehr beträgt, jedoch aufgrund ihrer Bauart die Verkehrsvorschriften nicht einhalten können.

Sicherheit
Damit eine Flossfahrt zum unbeschwerten Erlebnis wird, müssen unbedingt neben den 6 Bade- und Flussregeln einige Punkte eingehalten werden:

- Mit Schlauchbooten und Flossen wird nur dort gefahren, wo auch Schwimmen möglich ist.
- In jeder Gruppe muss eine Person einen Rettungsschwimmkurs besucht haben. Die SLRG (Schweizerische Lebensrettungsgesellschaft) empfiehlt bei grösseren Gruppen mindestens eine Person auf 12 Teilnehmende.
- Anhalten, ans Ufer gehen und schwimmen im fliessenden Wasser üben.
- Bei mehreren Booten wird in einer festen Reihenfolge gefahren. Zeichen festlegen und diese nur wenn es wirklich nötig ist verwenden.
- Bei Brückenpfeilern, Eisenstangen, Pfählen usw. besonders vorsichtig fahren.
- Bei Gewittern muss das Wasser sofort verlassen werden.
- Bei Wehren wird das Floss und das Schlauchboot getragen. Ein Rücklauf kann lebensbedrohend sein!

- Die wichtigsten Flusssignale müssen bekannt sein (mit Zeichen):

Unfahrbar

Allgemeine Gefahr

Drahtseil

Wehr

Wehr, unbefahrbar

Bauarbeiten gesperrt

Allgemeines Fahrverbot

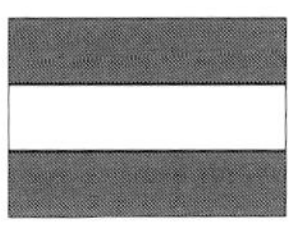
Verbotene Durchfahrt

Einsetzen

Landen

Fahrtrichtung

Camping

6 Baderegeln
- Nie erhitzt ins Wasser springen! Der Körper braucht Anpassungszeit.
- Kleine Kinder nie unbeaufsichtigt am Wasser lassen. Sie kennen keine Gefahren.
- Luftmatratzen und Schwimmhilfen gehören nicht ins tiefe Wasser! Sie bieten keine Sicherheit.
- Nie mit vollem oder ganz leerem Magen schwimmen. Nach üppigem Essen zwei Stunden warten.
- Nie ins trübe oder unbekannte Wasser springen. Unbekanntes kann Gefahren bergen.
- Nie lange Strecken alleine schwimmen! Auch der besttrainierteste Körper hat einmal eine Schwäche.

6 Flussregeln
- Fahrende auf Schlauchbooten oder Flossen müssen mit einer Schwimmweste ausgerüstet sein.
- Die auf dem Boot angegebene Nutzlast darf nicht überschritten werden.
- Boote nicht zusammenbinden, sie sind nicht mehr manövrierfähig.
- Unbekannte Flussabschnitte müssen vor jeder Fahrt zuerst erkundet werden.
- In freie Gewässer (Flüsse, Weiher und Seen) wagen sich nur gute und geübte SchwimmerInnen.
- Unterkühlung kann zu Muskelkrampf führen. Je kälter das Wasser, umso kürzer der Aufenthalt im Wasser!

(gemäss bfu-Faltblatt: Wassersport. Aber sicher!)

Spezielle Ausrüstung

Eine Floss- oder Schlauchbootfahrt verlangt einige spezielle Ausrüstungsgegenstände:

- Wichtig sind Ersatzkleider. Es gibt nichts Ungemütlicheres, als schlotternd auf einem Floss zu sitzen. Ideal ist etwas Wärmendes und ein Windschutz.
- Alte Turnschuhe oder wassertaugliche Sandalen schützen vor Fussverletzungen.
- Jede Person trägt eine Schwimmweste.
- Kleider und Esswaren sollten wasserdicht verpackt werden. Es müssen nicht spezielle wasserdichte Taschen und Säcke sein, ein normaler Sack in einem wasserdichten Plastiksack reicht auch.
- Wasserfeste Sonnenschutzmittel sind ein Muss!
- Schlauchboote oder Material für ein Floss und genügend solide Paddel.
- Pfeifen, um sich bemerkbar zu machen und sich zu verständigen.

Rücksicht auf die Natur

Auf Unternehmungen bewegen sich Gruppen in der Natur und haben diese zu respektieren:

- Naturschutzreservate zu Sperrzeiten nicht betreten und befahren.
- Schilfbestand nicht betreten, weil dieser Brut- und Schutzraum für Wasservögel ist.
- Bereits bestehende Feuerstellen benützen und alle Abfälle wieder mitnehmen.
- Möglichst keine Autos einsetzen.

Dieses Kapitel „Flossbau“ ist übernommen aus dem Werkbuch: Manfred Kaderli, Franziska Bertschy und Daniel Ritter, Kennen und Können, rex verlag luzern. Dort finden sich weitere ausführliche Materialien zum Thema.

8 Überblick aller Spiele

Wasserspiele für Nichtschwimmerinnen und Nichtschwimmer

Titel	Ort	Min. Pers.	Alter	Zeit (Min.)	mit Material	Seite
Lauf- und Fangspiele						
Kettenfangen	〰 ⊔	10	☺ 🐟	10		53
Wer hat Angst vor dem „Weissen Hai“?	〰 ⊔	8	☺	10		53
Fangen mit Erlösen	⊔	10	☺ 🐟	5		53
Fischer, wie tief ist das Wasser?	〰 ⊔	8	☺	10		54
Entenjagd	⊔	8	☺ 🐟	5		54
Frosch und Fisch	⊔	4	☺ 🐟	10		54
Bär in der Höhle	⊔	4	☺	10		55
Das Meer ruft die Fische	⊔	6	☺	10		55
Hai und Hering	⊔	6	☺ 🐟	10		55
Antivirusspiel	〰 ⊔	6	☺ 🐟	10		56
Taufangen	⊔	10	☺ 🐟	10	🦆	56
Krokodil mit dem goldenen Schwanz	⊔	10	☺	10	🦆	56
Ballspiele						
Wettwanderball	〰 ⊔	12	☺ 🐟	10	🦆	57
Parteiball	〰 ⊔	8	☺ 🐟	10	🦆	57
Froschball	〰 ⊔	5	☺ 🐟	10	🦆	58
Schnurball	⊔	10	☺ 🐟	10	🦆	58
Ball treiben	⊔	8	☺	5	🦆	58
Burgball	⊔	8	☺ 🐟	10	🦆	59
Aquaball	〰 ⊔	8	☺ 🐟	10	🦆	59
Fischer und fliegende Fische	〰 ⊔	8	☺ 🐟	10	🦆	60
Wasservolleyball (mit Luftballon)	〰 ⊔	6	☺ 🐟	5	🦆	60
Feld leeren	⊔	10	☺	10	🦆	60
Staffelspiele						
Eilstaffel	〰 ⊔	12	☺ 🐟	10		61
Tragestaffel	⊔	12	☺ 🐟	10		62
Hindernisstaffel	〰 ⊔	12	☺ 🐟	10	🦆	62
Hüpfschlange	⊔	10	☺ 🐟	10		62
Nummernwettlauf	⊔	12	☺ 🐟	10		63
Transportstaffel	〰 ⊔	10	☺ 🐟	10	🦆	63
Kleiderstaffel	⊔	12	☺ 🐟	15	🦆	63
Eiertransport	⊔	12	☺	10	🦆	64
Lastenträgerstaffel	〰 ⊔	12	☺ 🐟	10	🦆	64
Begegnungsstaffel	〰 ⊔	12	☺ 🐟	10		64
Spiele zur Kommunikation und Integration						
Atomspiel	〰 ⊔	8	☺	10	🦆	65
Namenspiel	〰 ⊔	10	☺	10	🦆	66

Titel	Ort	Min. Pers.	Alter	Zeit (Min.)	mit Material	Seite
Pantomime	〰 🛁	10	☺ 🐟	10		66
Schattenlauf	〰 🛁	2	☺	10		66
Partner hilf!	🛁	6	☺	15		66
Virusspiel	🛁	8	☺ 🐟	10		67
Ballbesitzer-Tabu	〰 🛁	10	☺ 🐟	10	🦆	67
Baumstammflössen	🛁	12	☺ 🐟	10		67
ABC-Fangen	〰 🛁	12	☺ 🐟	10		67
Eiszapfen	〰 🛁	12	☺	10		68
Fisch übern Tisch	🛁	12	☺	15		68
Reiterball	🛁	12	☺ 🐟	10	🦆	68
Vertrauenskreis	🛁	7	☺	10		68
Kraft- und Koordinationsspiele						
Ziehkämpfe	〰 🛁	2	☺ 🐟	5		69
Partner verdrängen	〰 🛁	2	☺ 🐟	5		70
Gruppenziehkampf	🛁	10	☺ 🐟	5		70
Hecht und Karpfen	🛁	4	☺	5		70
Delfinreiten	🛁	8	☺ 🐟	5		70
Schwimmbrettreiten	🛁	12	☺ 🐟	15	🦆	71
Seeschlangenkampf	🛁	10	☺ 🐟	10		71
Lanzenkampf	🛁	6	☺ 🐟	15	🦆	71
Schatzwächter und Seeräuber	🛁	12	☺	10	🦆	72
Hechte brechen aus	🛁	12	☺ 🐟	5		72
Luftmatratzentransport	🛁	10	☺	5	🦆	72
Abenteuerspiele						
Abenteuerliche Seereise	🛁 🏊	8	☺ 🐟	15		74
Projektspiele	🛁 🏊	8	☺ 🐟	30		74
Abenteuerliches Rutschen	🛁 🏊	4	☺	15		75
Abenteuerparcours	🛁 🏊	8	☺ 🐟	30		75
mit Schwimmbrett						
Schwimmbrett auf dem Wasser	🛁	6	☺	5	🦆	76
Schiebekampf	🛁	6	☺	5	🦆	76
Haikampf	🛁	10	☺	5	🦆	77
Schwimmbrett kehren	🛁	10	☺ 🐟	10	🦆	77
Sammeltag	🛁	8	☺ 🐟	10	🦆	77
Materialtransport	🛁	8	☺	5	🦆	78
Gymnastik mit Schwimmbrett	🛁	4	☺ 🐟	10	🦆	78
mit Tischtennisball						
Tischtennisball blasen	🛁	4	☺	5	🦆	79
Sogwirkung	🛁	4	☺	5	🦆	79

Wasserspiele für Schwimmerinnen und Schwimmer

Titel	Ort	Min. Pers.	Alter	Zeit (Min.)	mit Material	Seite
Fangspiele						
Wasserfangen		8		10		93
Eckenfangen		6		15		93
Haifischfangen		2		10		93
Paarfangen		5		10		94
Ozeanüberquerung		16		15		94
Staffelspiele						
Beinschlagstaffel		6		10		95
Abschleppstaffel		12		10		95
Schwimmbrett-Transportstaffel		12		10		95
Transportschwimmen		12		10		96
Hindernisschwimmen		12		15		96
T-Shirt-Wechsel		12		10		96
Zahlenwettlauf		12		10		97
Rettungseinsatz		6		10		97
Brückenschwimmen		6		10		97
Ballspiele						
Tupfball		8		10		98
Schnappball		8		15		98
Linienball		8		10		98
Haifischfänger		8		15		99
Völkerball		12		15		99
Kickball		12		15		99
Delfinball		8		10		100
Strampelball		12		10		100
Circuitsformen						
Spielerisches Konditionstraining		16		25		101
Spielerischer Gruppenwettkampf		16		25		102
Schwimmspielformen						
Platzwechselspiel		8		10		103
Schiffe versenken		4		15		103
Tauchringspiel		12		10		103
Mannschaftsstreckentauchen		12		10		104
Schiebewettkampf		2		5		104
Pünktlichkeits-Schwimmen		4		15		104

Titel	Ort	Min. Pers.	Alter	Zeit (Min.)	mit Material	Seite
Springspiele						
Rennboot		6		5		105
Fallende Reihe		6		5		105
Ball-Sprung		2		10		105
Aufsprung		4		5		106
Reifensprung		4		5		106
Mattensprung		6		5		106
Würfelspiele						
Würfel-Bingo		8		15		107
Würfelschwimmen		8		15		108
Leiterlispiel		8		15		108
Würfel-Fairness-Schwimmen		2		5		110
Würfel-Labyrinth		8		5		110
Spiele in speziellen Situationen						
Schwimmfest		16		90		111
Fliessband		16		5		111
Springendes Tier		16		5		112
Unterwasserpuzzle		16		5		112
Begriffe raten		16		15		112
Unterwasser-Kerze anzünden		16		5		113
Dosenwerfen		16		5		113
Clowngesicht malen		16		5		113
Badekappen-Wasserfüllen		16		10		114
Kellnerstaffel		16		5		114
Baywatch		16		10		114
Wassergymnastik mit Musik		6		30		115
Schwimmshow		16		x Std.		116
Nachtspiele		8		20		117
24-Stundenrennen		8		24 Std.		117
Methodische Einführung von Ballspielen						
Namen-Pullboy		8		10		119
Kreislücke		10		10		119
Haltet die Seite frei		10		10		119
Ball drängen		8		10		120
Schwimmbretter umwerfen		8		10		120
Fischerball		8		10		120
Einfache Staffel mit dem Ball		8		10		121
Ballstaffel		8		10		121
Parteiball ohne Gegner		10		10		122
Parteiball mit Zielwurf		10		10		122

Titel	Ort	Min. Pers.	Alter	Zeit (Min.)	mit Material	Seite
Kleinfeldwasserball auf ein Tor		10		15		123
Wasserball nach einfachen Regeln		12		15		123
Mannschaftsspiele						
Brennball		12		15		124
Burgball		6		10		125
Turmball		10		10		125
Ball über die Schnur		6		10		125
Wasserbasketball		6		10		126
Wasserbiathlon (Einzelwettbewerb)		4		10		126
Wasservolleyball		10		10		126
Wasserbiathlonstaffel		6		10		127
Unterwasserrugby		15		20		127
Lebendiger Korb		10		10		128
Vierfeld-Volleyball		8		10		128
Volleyballtennis		10		10		128

Spiele in Naturgewässern

Titel	Ort	Min. Pers.	Alter	Zeit (Min.)	mit Material	Seite
mit Luftmatratzen						
Schiffswechsel		6		10		130
Luftmatratzen-Tauziehen		6		5		130
Fischerwettkampf		8		10		130
Luftmatratzenstaffel		8		5		131
Walfängerboot kentern		12		10		131
Hindernisparcours		6		10		131
Notbrücke		8		10		132
Luftmatratzenrennen		4		10		132
Schiffe entern		4		10		132
Eskimorolle		2		10		133
Luftmatratzenwettlauf		8		15		133
mit diversem Material						
Schlauch-Rugby		10		10		134
Plastiksackpuzzle		6		10		134
Steine suchen		6		15		134
Baywatch-Schatzsuche		6		10		135
Schatzsuche		6		15		135
Wasserrutschbahn		6		10		135
Aqua-Frisbee-Golf		4		15		136
Tarzan		6		30		136

Titel	Ort	Min. Pers.	Alter	Zeit (Min.)	mit Material	Seite
mit Schlauchboot						
Seiltänzer		6		10		137
Boot abschleppen		4		10		137
Blindenfahrt		4		10		137
Paddelfangen		6		10		138
Bootswechsel auf See		4		10		138
Schnappball im Boot		12		10		138
Seeüberquerung		8		45		139
Spiele am Fluss						
Strömung erleben		1		10		140
Flussüberquerung		2		10		140
Tubing		1		20		140
Konvoi		6		10		141
Flussschwimmen		6		20		141
Schiff versenken		6		20		142

Alle Spiele von A–Z

Weitere Bücher im rex verlag

Kaderli Manfred & Team
Geländespiele
Spielprojekte für Stadt, Wald und Wiese
144 Seiten
ISBN 3-7252-0656-2

Goldfieber, Miss Marple, Traumfresser oder Umzug der Bären, das sind einige Titel der über 40 Geländespiele in diesem Buch. Jedes Spiel ermöglicht den Kindern und Jugendlichen, zwei bis drei Stunden Spiel, Spass und Spannung miteinander im Freien zu erleben.

Philipp Bucher-Zimmermann, Tina Pünchera
Ferienlager NATÜRlich!
Praktische Ökologie in Schule und Jugendfreizeit
128 Seiten
ISBN 3-7252-0663-5

Lagertage bieten eine einzigartige Möglichkeit, jungen Menschen umweltverträgliche Lebensgestaltung näher zu bringen. Praktische Pädagogik mit Spass und Erlebnis – ohne Moralin!

Kaderli/Bertschy/Ritter
kennen und können
Handbuch für Gruppenaktivitäten und Ferienlager
384 Seiten
ISBN 3-7252-0667-8

Vollständige Neuausgabe des vergriffenen Klassikers! Als Methodik-Handbuch und Nachschlagewerk unentbehrlich, mit zirka 700 erläuternden Zeichnungen, tollen Tricks und Kniffs. Themenschwerpunkte: Lagerbau, Seiltechnik, Orientieren, Kochen im Freien, Sicherheit und erste Hilfe.

Kaderli/Bertschy/Ritter
kuki
kennen und können in Natur und Freizeit
192 Seiten
ISBN 3-7252-0693-7

Gruppenaktivitäten in freier Natur, ein Praxisbuch für Kinder von 10–15 Jahren: Orientieren mit Karte und Kompass, Kochen und Schlafen, Einschätzen der Naturkräfte, Seiltechnik, erste Hilfe, ...

Dani Burg
querdurch
Erlebnispädagogik in Schule und Freizeit
144 Seiten
ISBN 3-7252-0670-8

Erprobte Projekte für 8–16-Jährige auf ihrer Suche nach Ich-Stärke und Identität zu Themen wie Konsum, Sucht, Ökologie, Fremdenfeindlichkeit, virtuelle Welten. Nichts wie raus aus dem Schulzimmer und rein ins Erlebnis!

Dani Burg
Teamstärke lernen
Erlebnispädagogische Projekte
112 Seiten
ISBN 3-7252-0711-9

Wasser ist eine spannende Erlebniswelt für Kinder und Jugendliche in Schule und Freizeit. Der Sportlehrer Patrik Lehner beschreibt praxisnah erlebnisorientierte Spielformen für Gruppen im Plantsch- oder Schwimmbecken, zusätzlich auch Spielaktionen am und im Bach, Fluss oder See.

Bundesleitungen Jungwacht/Blauring
Power in die Gruppe
101 Ideen zum Energietanken
128 Seiten
ISBN 3-7252-0690-2

Wie kann ich aus einer Jugendgruppe oder einer Schulklasse ein kreatives, leistungsfähiges Team machen. Wie lässt sich eine Gruppe neu motivieren, wenn die Luft draussen ist? Power in die Gruppe gibt Impulse, wie das Teampotential einer Gruppe besser ausgeschöpft werden kann.

Ingrid und Otto Kromer
IdentitätsSuche
Modelle für Projekttage mit 13–15-jährigen
128 Seiten
ISBN 3-7252-0611-2

Ein Hilfsmittel mit vielen Impulsen, 13–15-Jährige auf der spannenden Suche nach der eigenen Identität zu begleiten. Praxiserprobte Methoden zu zehn Erlebnisbereichen: Körperwahrnehmung, Sexualität, Familie, Freundeskreis, Schule, Beruf, Konsum, Geld, Freiheit, Glück.

Spielebücher im Taschenformat

Franziska Bertschy
Manfred Kaderli
Subito
Spontane Gruppenspiele mit k(l)einem Material
112 Seiten
ISBN 3-7252-0683-X

Spiele für 2 bis 40 Kinder, die ohne Vorbereitung zu Spass und Erfolg führen. Geeignet zum Anregen oder Beruhigen, als Einstieg oder Ausklang für Schule, Freizeit und Familie.

Manfred Kaderli
Patrik Lehner
Yeti
Spontane Gruppenspiele mit Schnee
128 Seiten
ISBN 3-7252-0691-0

Im Winter sind oft Spiele gefragt, die wenig Vorbereitung und Material benötigen. Solche sind „Yeti-Spiele". Sie eignen sich als Einstieg, Ausklang oder Pausenfüller bei Aktivitäten draussen im Schnee, mit oder ohne Schneeschuh- oder Skimaterial.

Patrik Lehner
Bike-Games
Spiele mit und auf dem Rad
128 Seiten
ISBN 3-7252-0692-9

Die Bike-Spiele benötigen kein oder wenig Material. Als Gelände dient ein Platz, eine Strasse oder ein freies Gelände in Wald und Feld. In fast jeder Situation ist schnell das geeignete Spiel gefunden.

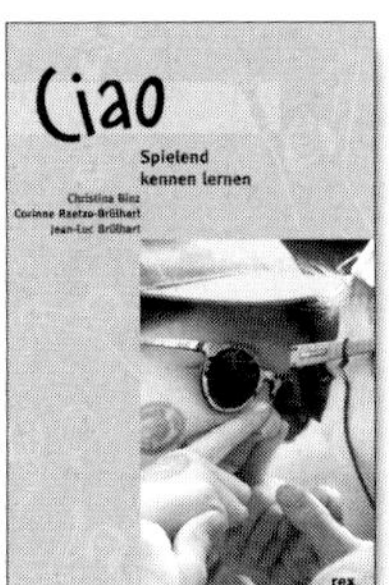

Corinne Raetzo-Brülhart
Christina Binz
Jean-Luc Brülhart
Ciao
Spielend kennen lernen
128 Seiten
ISBN 3-7252-0703-8

Ein praktisches Buch im Taschenformat mit Spielen und Übungsformen zum Thema Kennenlernen: Als Einstieg in frisch gebildete Gruppen oder Klassen, zur Begrüssung unter Menschen, die sich bereits etwas kennen oder zur Vertiefung der persönlichen Beziehungen in einem Team.